JN109443

IMMIGRATION
BLACK
BOX

入管ブラックボックス

YOICHI KINOSHITA

木下洋一
元入管職員

漂流する入管行政・翻弄される外国人

合同出版

はじめに

私が18年間勤務した「入管」（法務省入国管理局、現・出入国在留管理庁）を辞めたのは、平成最後の春、２０１９年3月末でした。その頃、「入管」はそれほど世間に知られた存在ではなかったような気がします。「入管職員」も「税関職員」も、空港でなんかやっている人たち、どっちが「にゅうかん」で、どっちが「ぜいかん」なのかよく分からない。入管という存在はその程度だったのではないでしょうか。

しかし、私が辞めてから「入管」はずいぶんと「注目される存在」になりました。とりわけ、２０２1年3月に、オーバーステイによって名古屋入管に収容されていたスリランカ人女性、ウィシュマ・サンダマリさんが収容所内で死亡したという衝撃的なニュースは、マスメディアで大きく取り上げられました。

ウィシュマさん死亡事件は、21年の国会で審議されていた「改正入管法案」（21年廃案）の反対運動の中でクローズアップされ、にわかに入管の存在が注目されるようになりました。

正直に言うと、入管の問題を語ろうとする時、ある種の違和感というか、息苦しさを感じてきました。元入管職員である自分は、一つの「贖罪」の証として、「入管」を、か弱き難民・

移民を虐げる悪しき加害者として語らなければならない――。

そのような無言の圧力、いわば「同調圧力」のようなものを常に感じながら、私は「誰からも非難されない」無難な答えを、心のどこかで探していたような気がします。そんな自分がどこかもどかしく、そのような息苦しさから解放されて、もっと自由に「入管問題」を語ることができたら、と思っていた矢先、合同出版編集部から本書の執筆の依頼がありました。

執筆のお話をいただいてから、本書を書き上げるまで3年以上を要しました。それは、同調圧力の克服と、自分の考えや心持ちが変遷していき、それが一定のところに落ち着くまでに時間を要したからにほかなりません。

本書は、いくつかの私見は盛り込んではいるものの、「あるべき入管の姿論」や、「外国人の受け入れをどうするべきか」というような大きなテーマを正面から論述するものではありません。現場の一入国審査官であった私にとって、そのような大きなテーマは手に余るものです。

ただ、国際化が進む中、目指すべき共生社会は「多様性」を認め合う社会のはずです。であるならなおのこと、入管問題に対する意見もそれぞれもっと「多様」であっていいのではないか。入管法改正議論の中で露呈した極端かつ排他的・攻撃的な「入管叩き」あるいはその対極にある「外国人叩き」の中に、私は多様性のかけらも見出すことはできません。多様な意見がどれだけ尊重される社会であるのか、それもまた共生社会へのバロメーターであると私は信じます。

ならば、18年間の入管生活で、私が何を思い、何を考えたか。そして、自分が「いま」何を考えているのか。それを語ることもあながち無意味なことではないのではないか、そのような思いから本書を執筆しました。

本書は当初、２０２３年４月の刊行を予定していましたが、その矢先の3月7日、岸田内閣が２０２１年に一度は廃案となった「改正入管法案」を、第２１１回通常国会に再提出しました。前回と同様、激しい反対運動が巻き起こり、与野党の対立が激化する中、23年6月9日、同法案は参議院において自民党、公明党、日本維新の会、国民民主党などの賛成多数により可決・成立、6月16日、公布されました。

この入管法の改正は今後の入管行政のあり方を大きく左右するものであることから、新たに第6章を設けて改正入管法に関する問題点や課題等に関する記述を追加しました。

改正入管法が成立し、喧騒が去った今、本書が、読者の皆さんにとって、入管問題を自由に考えるきっかけになれば本望です。

もくじ

第3章 漂流する入管行政・翻弄される外国人

第6章　2023年入管法改正をめぐって

第1章　入管と私

1　公安調査庁から入管へ

あの日の胸のときめきを今でも覚えています。

2001年の春、私はそれまで12年間勤めていた公安調査庁（正確には地方出先機関である公安調査局）から、入管（法務省入国管理局、現・出入国在留管理庁）に異動しました。入管への異動は、私の悲願でした。

といっても、入管行政に興味があったとか、国際的な仕事に就きたかったとか、そういうわけではありません。語学がからっきし苦手な私は、どちらかと言えば、日本人相手の内向きな仕事を望んでいました。

■公安調査庁から入管へ

大学を卒業し、公務員となって最初に入ったのは法務省の外局である公安調査庁（公安庁）の地方部局でした。職務の内容を詳しくここで語ることはしませんが、任意調査が中心で、権限らしい権限が与えられていない公安調査庁の仕事は何か物足りず、いつしか、そこから離れたいということばかり考えるようになっていました。

とはいえ、ノンキャリア職員で何のスキルもない私は、役人を辞めて何ができるわけでもなく、自ら道を切り開こうというガッツにも欠けていました。正直に言えば、公安調査庁から離れることができれば配属先はどこでもよかったのです（ちなみに、「キャリア職員」とは、現在の国家公務員採用総合職試験〈かつてのⅠ種試験〉などに合格し、最初から幹部候補生として中央省庁に採用されたほんの数％のエリート国家公務員の俗称で、それ以外の「その他大勢」が「ノンキャリア職員」と呼ばれています）。

当時、公安調査庁はリストラ官庁と言われていて、名目上は「人事交流」とされていましたが、その実は「人員削減」の一環として、同じ法務省管轄である入管へ毎年数人が異動・出向していました。これが公安庁を脱出するほとんど唯一の選択肢だったのです。ただ、入管への異動を希望すればすぐ叶うというわけでありません。私のほかにも入管への異動を希望する人がいましたし、毎年「人事意向書」に入管への異動希望を書いては人事異動の季節が来るたびに期待を膨らませ、ああ今年もダメだったかと落胆してはめげずに翌年も同じことを書く、何年間もずっとその繰り返しでした。

なので、入管への異動が内定したとの連絡を受けた時は、飛び上がるほどのうれしさでしたし、東京入管への初出勤の日には、下ろしたてのシャツに、この日のために買ったポール・スミスのネクタイを締めて、颯爽と玄関のドアを出たものでした。

もっとも、1989年、平成最初の年の春に大学を卒業し公安調査庁に入った時も、私は明るい未来を感じていたはずです。でも、自分が思い描く未来と現実というのは往々にして違うもの。入管だって思い通りの職場ではないかもしれない。過度に期待してはダメだと自分に言い聞かせながら、30代半ばだった私は、未知の世界を前に心をときめかせていました。

■ネガティブだった外国人のイメージ

外国人の入国や在留管理を主に担う役所とはいうけれど、当初、私が持っていた外国人に対するイメージは、極めてネガティブなものでした。

当時、マスメディアでは、外国人犯罪グループによる窃盗事件や違法薬物の密売、偽装結婚のあっせん、カード詐欺事件などが盛んに報じられていました。その背後には暴力団やマフィアなど内外の反社会的勢力がいると報じられていました。そのような報道を目にするたびに、日本に入ってくる外国人は、集団化して、日本の治安を脅かす潜在的危険性を有している存在、という漠としたイメージが膨らんでいきました。

ビザ（＝在留資格）がないのに日本で働くいわゆる「外国人不法就労者」の存在もまったく理解できませんでした。

私にとって彼らは、日本にいてはいけない存在であり、問答無用で直ちに日本から追放されるべき存在でした。彼らにも人権がある？　とんでもない！　人権とは、ルールを守る者だけがそれを語る資格があるのであって、ルールを無視して勝手に日本にやってきた者たちにそれを語る資格などない、そういうふうに思っていました。

そもそも「人権」という言葉に懐疑的でした。「人権」とは公安調査庁で調査対象にしているいわゆる「左翼」の者たちがよく使う「色のついた特殊言語」であり、「国益」の対極にあるものだと信じて疑いませんでした。

日本にやってくる外国人、とりわけ、日本より経済的に劣っているアジア・中東地域から日本に出稼ぎにやって来る外国人は、治安を脅かす恐れがある、規範意識の乏しい者たちである。よって、国益のために、可能な限り入国させず、在留させないに越したことはない。

このような完全に上から目線の外国人観を持って、私の入管人生はスタートしたのでした。その意識はのちに私がひそかに「入管マインド」と呼ぶことになる、まさにその核のようなものでした。

２　入管という役所

本書は入管について書いたものなので、まずは私が18年勤務した入管という役所について、簡単に紹介しましょう。

入管は「出入国管理及び難民認定法」（入管法）を主管する官庁で、終戦直後、まだ日本が連合国軍最高司令官総司令部（ＧＨＱ）の管理下にあった１９４９年に、外務省の入国管理部としてスタートしました。

■「外国人」とは、台湾・朝鮮半島出身者のことだった

歴史の復習ですが、日本は１８９５年に台湾を編入統治、１９１０年には日韓併合によって朝鮮半島を統治下に置き、台湾人・朝鮮人には、「日本国籍」が与えられました。敗戦まで日本の統治下にあり日本国籍を持っていた人たちは、終戦後、日本国籍者のままでいるか、中華民国籍・朝鮮籍に復帰するかの選択の余地すら与えられずに一方的に日本国籍を剥奪され、「外国人」として扱われるようになりました。

入管が発足した１９４９年当時、「外国人」とは、まさにこの台湾や朝鮮半島出身者のことを指し、入管の仕事はこれら「外国人」を管理・統制することでした。入管法の前身である「出入国管理令」もこのような状況の中で「ポツダム政令」として制定され、現行の「出入国

管理及び難民認定法」となった今も、その基本的骨格は何一つ変わっていません。

ちなみに、当時の吉田茂首相はマッカーサー連合国軍総司令官に対し、敗戦の混乱に伴う食糧難の中で「余分な人口の維持」は不可能であるとして、
・大多数の在日朝鮮人は日本経済の復興にまったく貢献していない。
・朝鮮人の多くは共産主義のシンパで、犯罪分子が多数を占めている。
このような理由を挙げて「原則としてすべての朝鮮人」を本国に送還すべき、との書簡を送っています（田中宏著『在日外国人　第三版　法の壁、心の溝』岩波新書、72～74ページ）。

もっともGHQ側はさすがにこの要求に応じませんでしたが、日本の外国人管理政策が「余分な人口」＝在日朝鮮人の人減らしというおおよそ現代の人権感覚とは相いれない発想からスタートしているということは覚えておくべきでしょう。

その後、入管は外務省の管轄から法務省に移管され、「法務省入国管理局」となったのは、サンフランシスコ講和条約によって日本が独立した翌年の1952年。それから67年後の2019年4月1日、改正入管法施行に伴い、法務省の外局として「出入国在留管理庁」が発足しました。

■入管の業務

さて、入管の業務は、ざっくり言うと次の4つに分かれます。

・上陸（入国）審査：空港などで日本に入国しようとする外国人等に対する上陸審査
・在留審査：日本に在留している外国人の在留資格の更新や変更、永住許可等に関する審査
・退去強制手続：オーバーステイなど在留資格がない外国人等の退去強制に係る手続
・難民認定：難民条約上の難民の認定

私はこの４つの業務のうち、難民認定以外の３つの業務を経験しました。

■約６２００人が働く組織

出入国在留管理庁長官をトップとする霞が関の入管庁（本庁）の下には、全国に８カ所（札幌、仙台、東京、名古屋、大阪、広島、高松、福岡）の地方出入国在留管理局（地方局）と、収容施設として２つ（牛久、大村）の入国管理センターがあります。

地方局の長である地方出入国在留管理局長（地方局長）には、法務大臣が持つ権限の多くが委任されており、強大な権力と権限を握っています。このことは後で語るとおり、入管行政に大きな影を落としています。

８つの地方局の下には、７つの支局と61カ所に出張所が置かれています（資料①参照）。私が延べ10年以上勤務した「横浜支局」（通称：横浜入管）も東京出入国在留管理局（旧・東京入国管理局）という地方局の下にある地方支局です。地方支局は、横浜や神戸といった、地方局が置かれていない大都市や、成田や羽田、関空といった大きな国際空港に置かれています。

資料①　入管の組織図

（2022年4月1日現在）

入国管理センター	2か所
地方出入国在留管理局	8局
同支局	7局
出張所	61か所

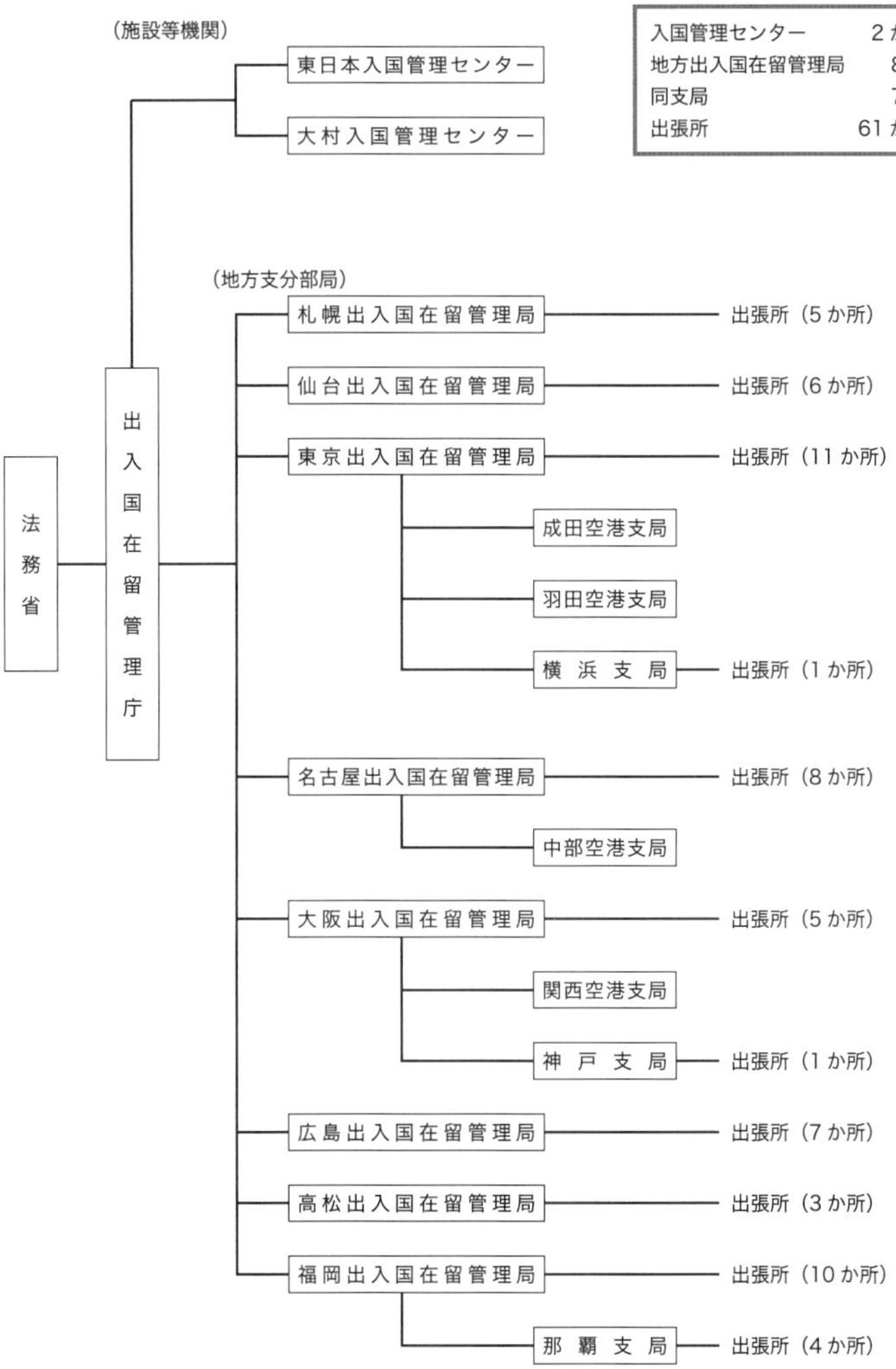

（法務省資料「2022年版『出入国在留管理』」より抜粋）

国際空港の中には24時間開港している空港も多く、職員も交代で勤務しますので、多くの人員が配置されています。

出張所の職員は少ないところで3人くらい、多いところでは20人以上の職員がいます。全国47の都道府県には、これら局・支局・出張所のうち、どれか1つ以上が置かれています。入管全体の職員数は2001年度は約2500人でしたが、2022年末には定員が6181人となっており、この20年間で2・5倍近く増えています。行政改革・行政のスリム化で多くの官庁の定員は減少傾向もしくは現状維持である中、入管の定員は右肩上がりで、それだけ業務量が急拡大している官庁なのです。

■いまや日本に住む100人に2人以上は外国人

私が入管に異動した2001年の新規入国者数は約423万人、日本に居住する在留外国人数は約178万人（観光客など短期滞在者を除く）でしたが、2018年には新規入国者数は、3000万人を突破、その後、コロナ禍により新規入国者数は激減したものの、日本で暮らす外国人の数は増え続け、2022末現在における中長期在留者数は278万6233人、特別永住者数は28万8980人で、これらを合わせた在留外国人数は307万5213人となり、300万人を突破しました（資料②、資料③参照）。

いまや日本で暮らす人たちの100人に2人以上は外国人。この事態を「2％も」と捉える

資料②　外国人入国者数の推移

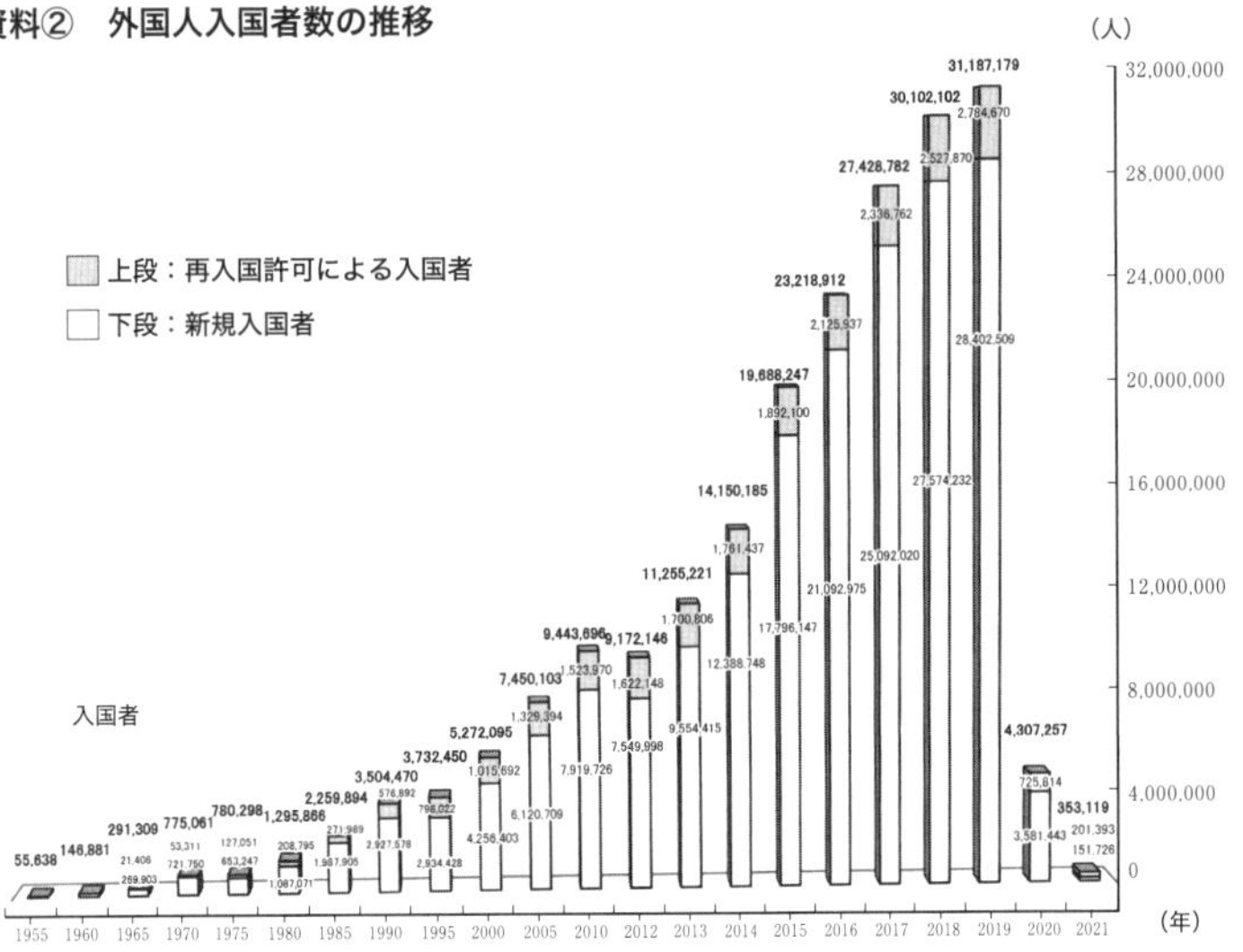

(法務省資料「2022 年版『出入国在留管理』」より抜粋)

資料③　2022 年末における在留資格別・在留外国人の構成比

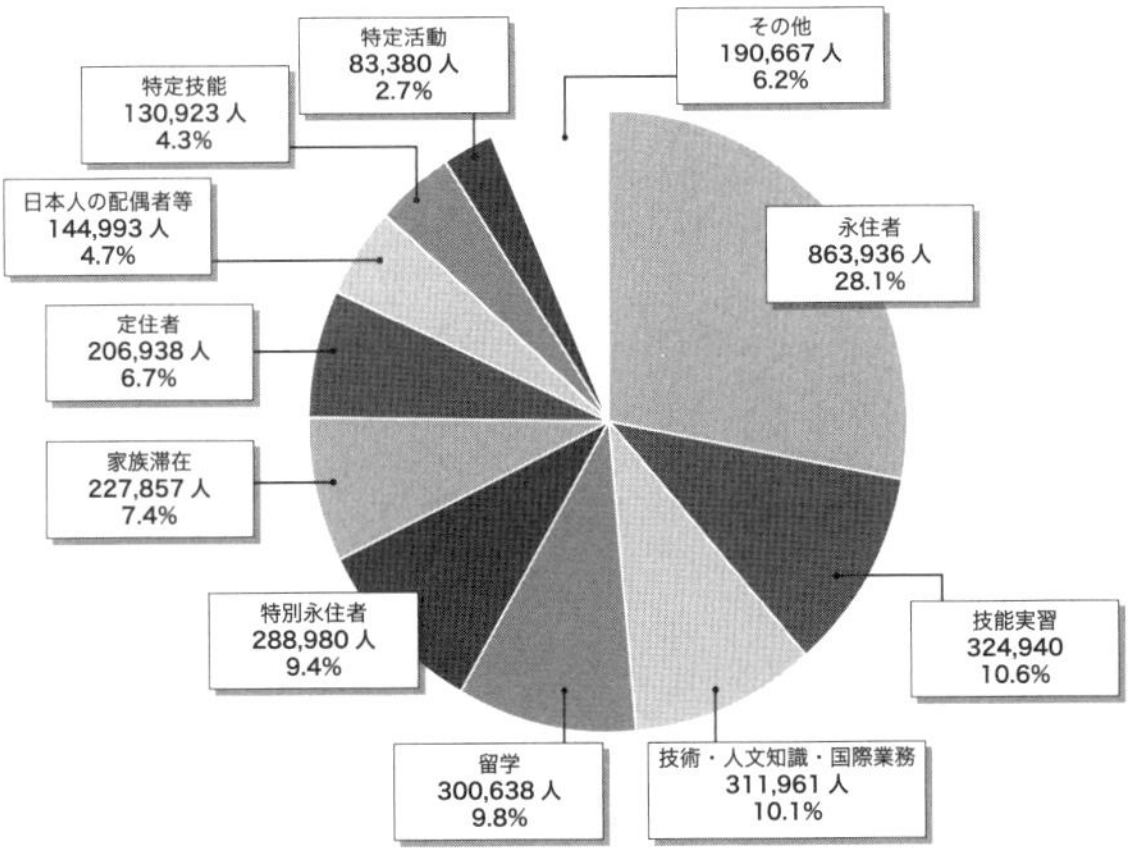

(入管ホームページより抜粋)

か、「たった2％」と捉えるかはさておき、来日外国人、在留外国人の増加率はまさに「ハンパない」わけです。外国人の増加に比例して職員数が増えていきますが、現状の課題に見合った人員体制なのかはまた別の問題です。

■入国審査官と入国警備官

入管の職員は大別して「入国審査官」と「入国警備官」に分かれます。私は前者の入国審査官でした。

入国審査官（審査官）は文字通り入国審査や在留審査を担っています。入国（上陸）審査では、空港や港（いわゆる水際）で旅券（パスポート）や査証（ビザ）を確認の上、外国人が申請に見合った活動をするかどうかを審査します。ちなみにパスポートは国籍保有国の外務省が発行する、外国の関係諸官に対して自国民の「保護扶助」を要請する証明書で、一方の「ビザ」は、入国を希望する外国人に行先国の外務省が発行する入国査証です。パスポートとビザ、この2つがないと基本的に外国人は日本に入国はできません。

上陸（入国）が許可された外国人に与えられるのが「在留資格」です。在留資格は約30種類あり、例えば、観光客に与えられる在留資格は「短期滞在」、日本人と結婚して日本に居住しようとする人に与えられるのは「日本人の配偶者等」という在留資格です。在留資格には「在留期間」があり、「短期滞在」ならば15日・30日・90日、「日本人の配偶者等」などといった

「中長期在留者」ならば1年・3年・5年といった期間内に在留資格に沿った活動をすることが認められます。そして、この在留期間の更新や変更を審査するのも入国審査官です。ちなみに、一部の在留資格をのぞき中長期在留者に対しては基本的には「在留カード」(資料④参照)が発行されます。

なお、一般的には「在留資格」のことも「ビザ」と呼ばれていますので、本書もそれに倣って在留資格のこともビザと呼ぶことにします。

入国警備官(警備官)は不法滞在者などの摘発や収容施設の処遇、送還業務を担っています。摘発は入管単独でやることもあれば、警察と合同で行うこともあります。よくテレビ等で不法滞在者の摘発などの実録ものが放映されますが、そこに登場する「入管Gメン」も入国警備官のことです。また、後で詳しく触れますが、2021年3月6日に名古屋入管で亡くなったウィシュマ・サンダマリさんの処遇等を担っていた「看守勤務員」も入国警備官です。

入国審査官と入国警備官、両者は採用形態も俸給表(給与体系)も違います。

入国審査官は基本的には国家公務員採用試験(かつての国家Ⅰ種、Ⅱ種、Ⅲ種。現在の大卒総合職、大卒一般職、高卒一般職)によって採用されますが、入国警備官は入国警備官試験(高卒程度試験)によって採用されます。ただし、入国警備官試験は高校卒業後5年以内であれば大卒でも受験可能で、社会人枠もあることから大卒者も多数います。

資料④　在留カードのサンプル

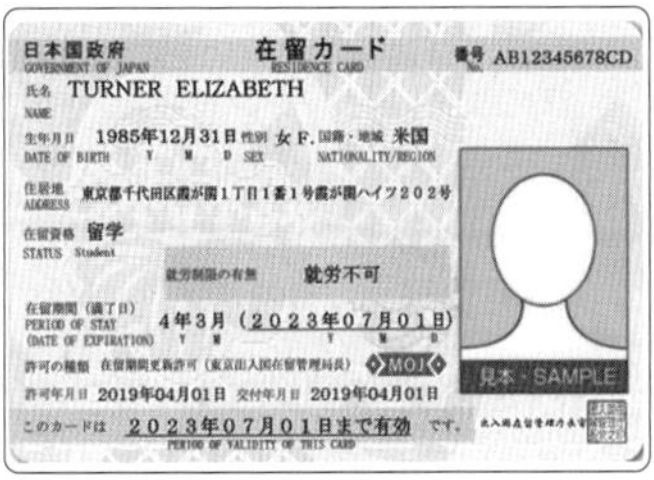

〈表〉

〈裏〉

（入管ホームページより）

給与は、審査官は一般行政職として「行政職（一）」という俸給表に従いますが、警備官は「公安職（一）」の俸給表で支払われ、審査官に比べて高い報酬体系になっています。公安職の警備官は年に1回、拳銃訓練を受けます。もっとも警備官が実務で拳銃を使用した例は聞いたことがありません。

私が入管に移ってきた２００１年度には審査官約１２００人、警備官約１０００人であったものが、２０２２年度定員では審査官約４０００人、警備官約１６００人と審査官は警備官の２・５倍になっています（資料⑤参照）。これは入管の中心的な業務が、警備から審査に移っていったことの表れにほかなりません。審査官の人員を補塡するため、希望者については入国警備官から入国審査官への「転官」が行われることもあります。

以上、ざっと入管という役所の概要を見てきましたが、外国人にとって入管はまさに命の次に大切なビザ（＝在留資格）を扱うところで、入管の判断次第で彼らの人生

資料⑤　職員定数の推移

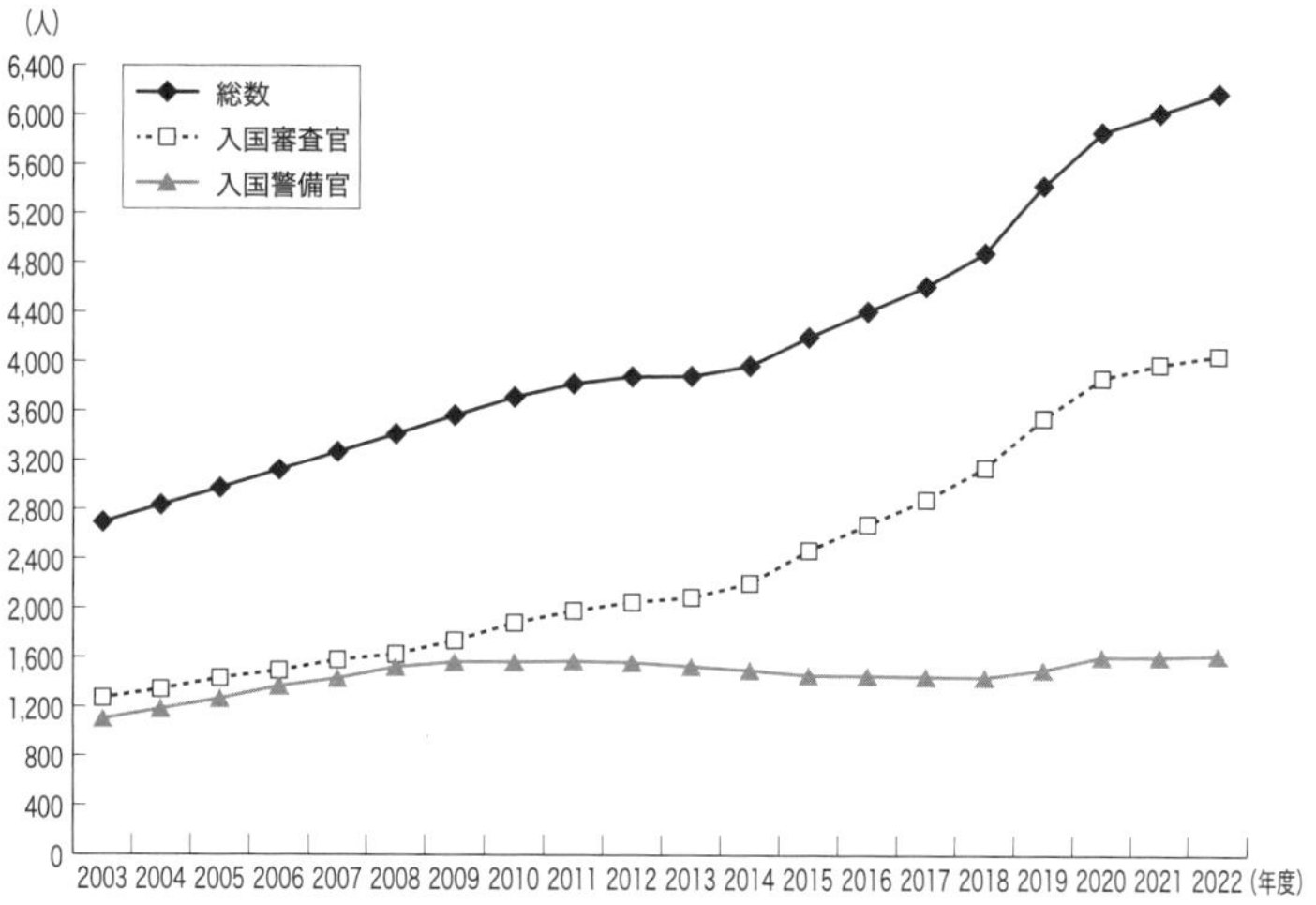

（法務省資料「2022年版『出入国在留管理』」より抜粋）

は大きく左右されます。外国人の運命が入管という役所の「広範な裁量権」に委ねられているというが大きな特徴です。これについては、のちに詳しく紹介します。

3　実態調査部門の仕事

公安調査庁から異動した私が最初に配属されたのが、東京入国管理局の実態調査部門というセクションでした。現在、東京入管は品川の埋め立て地にあり、「品川入管」などとも呼ばれていますが、私が入管に異動した2001年当時は大手町にあった合同庁舎の中にありました（現在、合同庁舎は取り壊され、経団連会館、JAビルが建っています）。合同庁舎といっても随分と老朽化した建物で、他省庁の部署などはもうとっくにどこかに引っ越しており、入管のほかはほとんどどこも入っていない空室だらけの庁舎でした。

■記念すべき初仕事は……

実態調査部門は、その名のとおり、外国人の生活状況や就労状況の実態を実地調査するセクションで、当時、社会問題化していた偽装結婚や偽装就労に対する監視を強化するという側面を持った、まだ発足してから1、2年の新しい組織でした（ただし、実態調査部門はのちに各審査部門に吸収され、現在は独立した部門としては残っていません）。

「悪い外国人をどんどん取り締まって、本国に帰していく。それが国益に叶う」、そう信じて疑わなかった私に、うってつけの仕事だと思いました。

公安調査庁から来たのだから、調査はお手のものだろうということだったのでしょう。着任早々、ひと回り若い男性審査官と組んで、偽装結婚が疑われる日本人夫と外国籍妻の同居実態の調査を命じられました。夫婦の居住先とされるマンションは風俗店の立ち並ぶ繁華街のど真ん中にあり、その部屋はキャバレーの従業員の寮として使われていて、夫婦の痕跡すらありませんでした。

偽装結婚——。

入管に異動してからの記念すべき初仕事の結果がこれです。私は改めて思いました。「やっぱり思ったとおりだ。外国人は厳格に管理すべきだ」と。

■実態調査部門で働いて見えたこと

実態調査部門には2年間在籍しましたが、そこで私は偽装結婚や偽装就労の実態を目の当たりにしてきました。居住先、就労先とされる住所に行ってみると空き家だったり、別の会社だったり、暴力団関係者の事務所らしきところだったりしたこともありました。夫婦の同居先とされている家にまったくの別人が住んでいたり、貿易会社で通訳をやっているはずの外国人が、実際にはラーメン屋で働いていたりしたこともありました。ダンサーとして興行ビザで入国してくる外国人は、ほとんどすべてパブやスナックでホステスとして働いていました。

偽装結婚もその手口・形態はさまざまでしたが、当時は夫が日本人、妻が外国人というケースが圧倒的に多く、ブローカーがホームレスや借金まみれの日本人男性にわずかな金額で、「戸籍貸し」を持ち掛けていました。男性の戸籍に外国人女性を入籍させることで、女性が「日本人の配偶者等」という在留資格を取得するという方法が常套手段でした。

ブローカーたちは外国人の「妻」から多額の手数料を巻き上げていました。女性たちは在留資格を手に入れた後も、更新の度にいくら、永住許可でいくらと請求され、「お金が残らない」と嘆いていました。結婚ビザを手に入れ日本で自由に働き、お金を稼ぎたい外国人女性と、戸籍を売ることで小金を得たい日本人男性とのマッチングビジネスは、双方の弱みにつけ込んで法外な斡旋料を巻き上げるダークなブローカーたちをぶくぶくと太らせていったのでした。

　当時の私は外国人さえ取り締まれば、おのずと問題は解決すると思い込んでいました。私が入管に移ってから半年後に「9・11同時多発テロ事件」が起こり、「外国人は潜在的に危険な人たち」、そんな外国人観が私の中でますますふくらんでいきました。

　ただ、その一方でそれとは別の「実態」も知ることとなりました。実は、「偽装結婚の疑いあり」あるいは「偽装就労の疑いあり」として実態調査をしても、その多くはちゃんとした国際結婚でしたし、きちんと就労もしていました。

　もちろん、ある結婚や就労の内実が「ちゃんとした」ものなのか、そうでないものなのかは当事者にしか分からないものかもしれませんが、私はある調査先で日本人の夫の方に「お前たち、俺らの結婚を疑ってるのか！　失礼にもほどがある！」とすごい剣幕で怒鳴られたことがいまも忘れられません。ちゃんとした結婚であればこそ、この方が怒るのも当然だし、自分たちのやっていることは確かに失礼極まりないことなのかもしれないとその時思いました。

　偽装結婚や偽装就労は確かにあるものの、それはごく一部にすぎないのではないか、これは実態調査を実際にやってみて感じた私の正直な感想でした。

■頭では分かっていても

　そう頭の中では分かっていても、「外国人は潜在的に危険な人たち」という偏狭な外国人観をなかなか捨てきれなかったのは、私の中で2001年の9・11事件の衝撃があまりにも大きかったからかもしれません。

これは当時、多くの入管職員、いや、多くの国民が抱いた感情だったのではないでしょうか。9・11事件はテロに国境がないことを私たちに知らしめました。ニューヨークの次は東京かもしれないし、大阪かもしれない。一人のテロリストの入国を許せば、国家、国民が危機にさらされる。入管職員として、それを許すわけにはいかない……。

「国家の安全」というある種の「大義」の前では、外国人一人ひとりの人権という感覚は極めて希薄な存在でしかありませんでした。

4 「不法滞在者」と向き合って

東京入管の実態調査部門に2年いた後、羽田空港勤務などを経て、2006年の春、私は横浜入管(東京入管横浜支局)の審判部門に異動となりました。私はそこではじめて、いわゆる「不法残留者」「不法入国者」などの非正規滞在者と直接向き合うこととなりました。

■「退去強制手続」と「在特(ザイトク)」

偽造パスポートなどを使って日本に不法入国した人たちや、オーバーステイ(在留期限を超えて日本にとどまる超過滞在)しているなど在留資格がない外国人、あるいは、一定の刑罰などを受けた外国人は、基本的に本国に強制送還されます。ただし、これらのいわゆる「退去強制対象者（退去強制事由該当者）」でも、いきなり、なんの手続きもなく、強制送還されるわけではありません。「退去強制手続」といって一定の手続きが踏まれ（資料⑥参照）、本国に帰れない事情があったり、日本にいなければいけない事情があったりする人たちに対しては、場合によって強制送還をせずに、入管の裁量で「在留特別許可」（通称「在特（ザイトク）」）を出して在留を特別に認めるケースもあります。

この退去強制手続は、入国警備官による違反調査を経て、基本的には①「入国審査官による違反審査」、②「特別審理官による口頭審理」、③「法務大臣（地方入管長）の裁決」という3つのステップを踏みますが（②、③は在留特別許可を希望する人のみ実施）、審判部門は、まさにその「退去強制対象者」から在特の希望の有無やその理由など、いろいろ事情を聞くセクションです。審判部門にいて、当事者から直接話を聞くことによって、私の中の外国人に対する見方や、捉え方が少しずつ変わっていきました。

■夢の国だったニッポン

「日本は夢の国だった」という話をよく耳にしました。

20世紀も終わる頃、中国のある貧しい村に、突如、大きな御殿があちらこちらに建ちはじめたそうです。御殿の主は日本で数年間、お金を稼いで帰国した「日本帰りの者」と言われていました。

資料⑥　退去強制手続のフローチャート

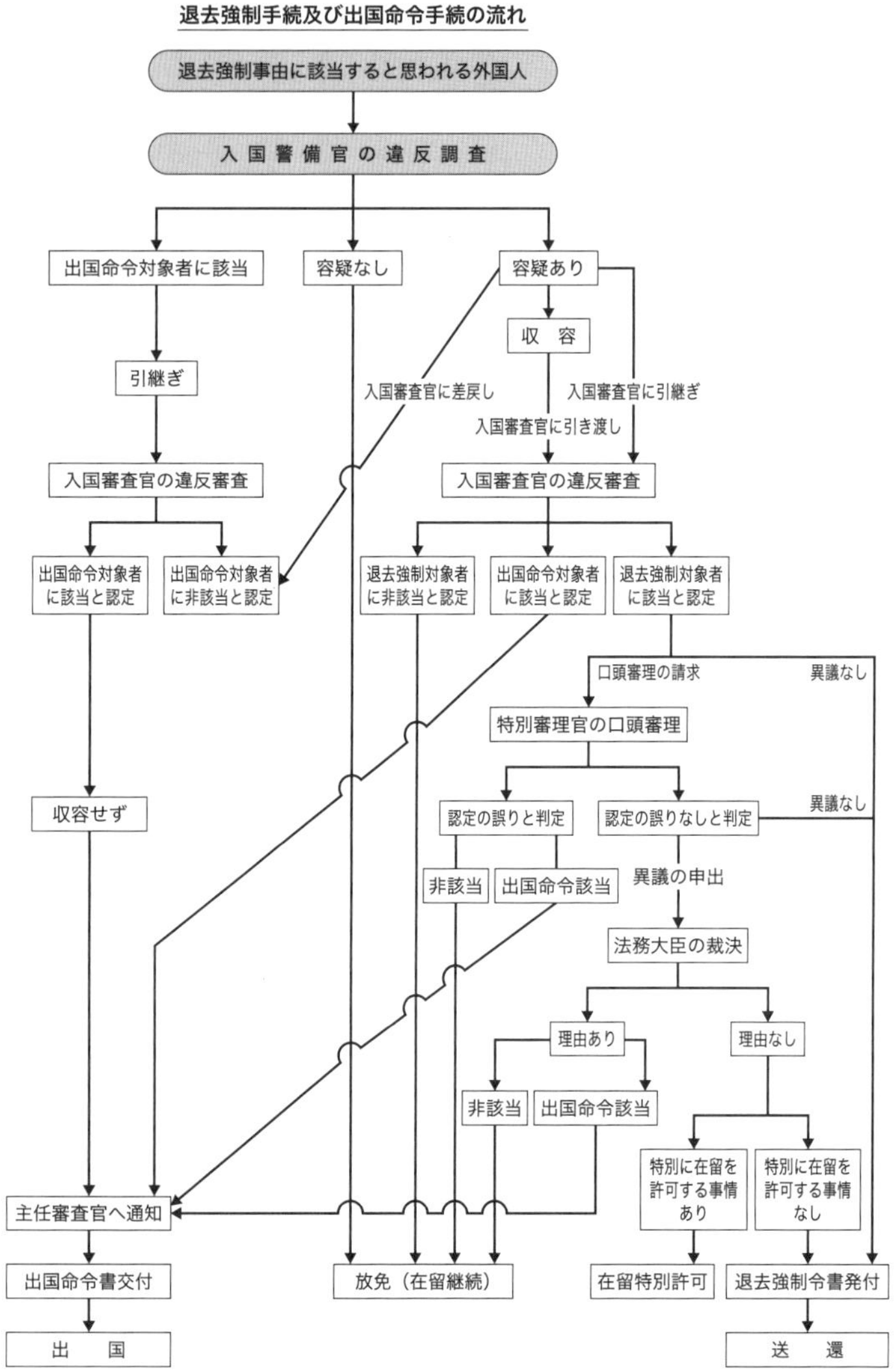

（入管ホームページより）

中国では一生かかっても稼げない大金を、日本に行けばわずか数年で稼ぐことができる。その噂を信じて、ある者は偽造のパスポートを使い、ある者は日本人の配偶者や残留孤児の親族を装い、また、ある者はコンテナ船に身を隠して夜陰に紛れて日本にやって来ました。

もっとも誰もかれもが日本に行けるわけではありません。蛇頭（スネークヘッド）と呼ばれる密航ブローカーに年収の何倍もの手数料を支払わなければなりません。親戚縁者からお金をかき集め、借金に借金を重ねようやく蛇頭にお金が払える者だけが日本行きのチャンスをつかめるのです。

30年前の日本と中国の貨幣価値は1対30とも1対50といわれていましたから、単純計算ですが日本で100万円稼げば、中国では3000～5000万円分の価値にもなるわけです。もっとも、経済発展著しい中国では、もはや日本は「夢の国」ではなく、いまでは蛇頭もすっかり影を潜めました。しかし、1990年代、中国沿岸部の農村では、日本に出稼ぎに行くことを目的とした船舶による集団密航が盛んに行われていました。集団密航がピークに達したのは、海上保安庁などによると1997年とされています。

■中東からやってきた「外国人不法就労者」たち

バブル景気のさなか、中東からやってきた屈強な男性たちがいました。民家を壊しビルを建て、森林を切り開いて道路を通し、橋を作る。そのバブルの光景の中になくてはならない存在として組み込まれていた彼らビザのない「外国人不法就労者」たちは言います。「日本人がやりたがらない仕事を、自分たちがやる。その仕事で得るお金は、日本人にとっては割に合わないものかもしれないが、自分たちにとっては途轍もない金額。日本人、助かる、我々も助かる、ウインウインの関係。日本人だってそれは分かっている。だって、自分たちは長年にわたって明らかに必要とされ、意図的に見逃されてきたのだから」

もっとも、こうした外国人不法就労者に「在留特別許可」（在特）が与えられるわけではなく、またそれを求めるわけでもなく、彼らの多くは摘発されれば「退去強制令書」の発付とともに、文句一つ言わず、粛々とそれぞれの母国に帰って行きました。ただ、少なくとも彼ら一人ひとりは、「日本の治安を脅かす潜在的危険性がある存在」には見えませんでした。

むしろ、この人たちは３Ｋ労働の補完的担い手として、暗黙のうちに日本社会に組み込まれていたエッセンシャルワーカーで、私自身も彼らの労働の恩恵を受けていたのではないか……。それまで、当たり前のように思い込んでいた「不法滞在者」のイメージが、私の中で徐々に変容していきました。

5 「故郷」を追われる子どもたち

そんな中、私の心をさらに揺さぶったのは、何の罪もない子どもたちが強制送還されていく現実でした。オーバーステイの親同士の間に生まれた子どもたちにはビザ（＝在留資格）がありません。あるいは、幼いころに親に連れられて日本にやって来て、親とともにオーバーステイとなる子どももいます。中には自分にはビザがないという認識もなく暮らしている子どももいます。

日本で生まれた子も強制送還？

ビザのない子どもたちも、他の子と何ら変わらず、日本のコミュニティの中で成長し、日本語で考え、日本語を母語にして育ちます。日本の学校に通学し、友だちを作り暮らしています。

親がオーバーステイで逮捕されると、原則として一家全員が退去強制の対象になりますが、子どもがある程度の年齢に達していると、家族全員に「在留特別許可」が認められることがありました。しかしその一方で、子どもが小学生くらいだと「まだ若年で柔軟性がある」「本国に帰っても十分やり直しがきく」という理由で、その家族には「在留特別許可」が認められず、一家全員が強制送還となるケースもありました。そのような光景を目にする度に、釈然としないものを感じました。

ある時、オーバーステイの外国人一家が在留特別許可を求めて、自ら横浜入管に出頭してきました。しかし、その家族には在特が付与されず、一家全員が強制送還されました。家族には日本生まれの小学生の子どもがいました。その子の夢は、将来、プロ野球選手になることでした。しかし彼の「祖国」にはプロ野球球団はありませんでした。その子の人生はたった10年程度かもしれませんが、そこには自我があり、夢があり、希望があり、人生の歴史というものがたしかにあります。そんな子が夢をあきらめ見ず知らずの「祖国」に送られるとするならば、心に深い傷を負い、途轍もない苦難と困難に満ちているだろうことは想像に難くありません。

「本国に帰っても十分やり直しがきく」

果たして本当にそうなのだろうか……。

ただ、その一方で、その一家に在留特別許可を付与すべきだとは言えませんでした。これまでも同じような境遇の家族が強制送還されており、その家族だけを特別扱いするわけにはいかないからです。

■子どもたちの成長と「再審情願」「人道配慮による在留特別許可」

このような退去強制手続の結果、在特が付与されず、子どもを含め一家全員が強制送還される現実がある一方で、退去強制令書が発付されても、送還に応じず、日本に留まり続ける家族もいます。入管は彼らを「送還忌避者」と呼んでいます。あるいは退去強制令書が発付された後に仮放免許可を受け、仮放免中に結婚し、子どもが生まれるケースもあります。

このような家族に対してはすでに退去強制令書が出されているので、退去強制手続の中で在留特別許可を受けることはできません。しかし、「再審情願」といって、法務大臣に対して在留特別許可の情願をし、場合によっては、入管の判断で退去強制令書を撤回して、在特を認めることもあります。ただし、この「再審情願」は法律上の制度ではないので、入管はそれに応える義務もなく、たとえ再審情願中であっても送還することも可能です。

また、すでに退去強制令書が発付されている家族の中には、一家で難民申請を行っているケースも少なくありません。難民申請については、難民の認定をしない時であっても「在留を特別に許可すべき事情があるか否かを審査するものとし、当該事情があると認めるときは、その在留を特別に許可することができる」（入管法第61条の2の2第4項2号）とされており、難民審査の過程において人道的配慮として在特が付与されるケースもあります。

ただ、再審情願にしても、難民申請にしても、その間に日本で暮らす子どもたちは日々成長していきます。本国との関係性はどんどん希薄になる一方で、日本での定着性はますます増していきます。友だちだって増えるでしょう。子どもたちにとって、ビザ（＝在留資格）なんていうものは、お互いが友だち同士になる障害にはこれっぽっちもならないのです。

立ちはだかる難題

たしかに、子に親は必要です。とは言え、子どもを「不法滞在者」の境遇においたのは親の責任です。ビザがなければ日本にいることはできない、それは子どもだって同じ。このことを知らなかったはずはありません。

しかし、子どもは親も環境も選べません。ビザがないことは子どもたちの責任ではないにもかかわらず、「君は運が悪かった。恨むならば親を恨め」と、親とともにまだ見たことも行ったこともない「祖国」に強制送還する、それで果たしていいのか。その子の将来、人生を左右するそんな重要なことを、子どもの意思を尊重することなく、入管の裁量一つ、さじ加減一つで決めていいのか。途轍もない違和感を私は覚えるようになっていきました。

ただその一方で、一家で在留を認めるべきなのか、一家ともども本国に送り返すべきなのか。それとも子どもだけは在留を認め、親は送還すべきなのか——、それを考えると途方に暮れる自分がいました。実は、この難題に対する自分なりの答えを、私はいまだに見つけることができません。ただ、間違いなく言えることは、入管だけでそれを適正に判断することはとても難しい、ということです。入管は、職員個人としても組織としても、児童に対する心理学的知見や医学的知見をまったく持ち合わせていません。児童を取り巻く環境はそれぞれ千差万別であり、極めて個別的なセンシティブなものです。それを判定する専門的知見を持ち合わせていないにもかかわらず、入管にその判断が委ねられているシステムとなっているのです。

子どもたちの送還を目の当たりにして、私の外国人観が変容していくのと同時に、入管システムへの疑問が大きく膨らんでいきました。

なお、入管庁によれば、退去強制処分を受けている18歳未満の子どもは全国で201人。政府与党はこの子たちに対して、可能な限り在留特別許可を与える方向で検討をはじめているとされています（2023年4月25日付、朝日新聞デジタル・2023年6月1日、参院法務委員会での齋藤健法務大臣の答弁）。

6　「正規滞在者」と向き合って

日本に在留する外国人の圧倒的多数派は、正規のビザを持っている人たちです。

私は横浜入管の審判部門には3年間在籍しましたが、2016年に再び横浜の審判部門に戻るまでの7年間、横浜入管と東京入管で「正規滞在者」の在留審査に携わりました。

■結婚ビザを審査する

正規滞在者と非正規滞在者との違いは、たった一つ、ビザ（＝在留資格）があるかないかです。例えば観光客に与えられる在留資格は「短期滞在」、会社の経営者や管理者などに与えられるのは「経営・管理」、日本人と結婚している外国人に与えられるのは「日本人の配偶者等」といったように、日本には約30種類の在留資格があります。

私はその30種類のビザすべての審査経験があるわけではありませんが、その中でも入管システムへの疑問をますます深めたのは、「日本人の配偶者等」といったいわゆる結婚ビザに対する審査でした。

もし、ある日本人がまだ海外にいるある外国人と結婚し、その外国人を配偶者として日本に呼び寄せて一緒に暮らしたいと思った場合、一般的には「日本人の配偶者等」という在留資格をもらう前段階として「在留資格認定証明書交付申請」という手続きが必要となります。

この在留資格認定証明書交付申請とは、まだ日本に入国していない外国人を日本に呼び寄せるために、日本にいる配偶者などがあらかじめ入管に「その外国人は、日本でちゃんとビザに見合った活動を行いますよ」というお墨付き＝「在留資格認定証明書」の交付の申請をすることです。ちなみに、この在留資格認定証明書は在留資格ではありませんので、実際の入国には同証明書に基づき、現地の日本大使館や領事館から発給されたビザ（＝査証）が必要となります。

この在留資格認定証明書交付申請の審査のため、入管は、夫婦のプライベートについて根ほり葉ほり聞きます。申請に当たって入管に提出しなければならない「質問書」には、夫婦がいつ、どこで、どのようにして出会ったのか、そこに紹介者はいたのか、紹介者がいたとすればどういう関係なのか、どのような交際をして結婚に至ったのか、結婚式は行ったのか行っていないのかといった質問事項がずらりと並んでいます。また、場合によっては、夫婦間の交流を証明する資料として、手紙やＬＩＮＥ、Ｍｅｓｓｅｎｇｅｒ等、私信のやりとりの提出まで求められます。結婚ビザを得るために、その夫婦は入管に対してプライベートをさらしてまで、入管の信用を得なければならないです。

■愛をはかる

たしかに偽装結婚はあります。私も実態調査部門でその実態を見てきました。しかし、入管職員は占い師ではありません。ある夫婦の結婚生活がちゃんとしたものになるのか、ならないのか、一緒に暮らす前からそれを見極めることなど、いったい誰ができるのでしょうか。

日本人同士の結婚ならば、市役所だろうがどこの役所だろうが、役人から、結婚の動機やいきさつを問われることはありません。収入を問われることも、離婚歴を問われることもありません。「交際ゼロ婚」であろうが、お金のために結婚しようが、相手にいくら借金があろうが、紹介者がいようがいまいが夫婦が一緒に暮らすことに文句を言う役人はいません。その筋合いもありません。

しかし、相手が外国人であるばかりに、交際日数が短かったり、SNS等でのお互いのやり取りが少なかったりすれば、「夫婦間の交流実態に疑義なしとはしない」と難癖をつけられ、日本人配偶者の収入が低ければ「将来的に夫婦で生活保護を受給する可能性が払拭できない」などと決めつけられる。そして、審査結果が出るまで数カ月も待たされたあげく、入管から届いた茶封筒を開いてみれば、そこに入っているのは1枚の「在留資格認定証明書不交付通知書」。そのA4サイズの紙きれ1枚の下部には「理由」としてたった2行、こう書かれているのです。

「提出資料等からみて、本邦に上陸しようとする外国人が本邦で継続的・安定的に『日本人の配偶者等』の在留資格に該当する活動を行うものとは認められません。」

いったい、何が証明されれば、その夫婦が将来にわたり「継続的・安定的」に結婚生活を送ると言い切れるというのか……。

人の未来は、見通すことはできません。ましてや、夫婦間の本当の気持ちや愛情なんて入管が分かるわけないのです。にもかかわらず、他人の夫婦のプライベートに土足で踏み込んでいって、その愛をはかろうとする。

できないことを、やろうとしているのではないか？

私の中の混沌はさらに深まっていきました。

7 入管行政ってなんだろう？

何か一つのことに疑問が生じると、それをきっかけとして、次から次へと疑問の連鎖が広がっていき、それまで当たり前と信じて疑わなかったようなことにも、疑念を持つようになっていくものです。

外国人が増えると治安が悪くなるというのは本当だろうか？

「在留資格」という「枠」によって外国人を管理するというのは妥当なのだろうか？

入管が大きな裁量権を持つのは当然のことなのだろうか？

入管法違反者は当然に収容されるべきものなのだろうか?
日本人の人権と外国人の人権の違いは?

入管職員の苦悩

もちろん、私は入管職員の代弁者ではありませんし、ここで書いていることも私の個人的体験にすぎません。ただ、入管で働く職員一人ひとりは、それぞれ複雑な思いを抱えながら、「入管行政っていったい何だろう?」という複雑な気持ちを抱きながら、日々の仕事に向き合っています。

入管職員の中には、非常に優秀なのに、あえて昇進を拒み、役職につかない人がいます。彼ら彼女らは決して多くを語ろうとしませんが、ある職員が、「入管の仕事は人の人生を左右する仕事。自分にとてもその重責は担えない」と言っていたのが忘れられません。また、順調に昇進していく職員の中にも「まじめに仕事と向き合うとつらくなる。だから、感情を殺して仕事をしている」といって憚らない人もいました。

仕事帰りの居酒屋の片隅で、あの判断、あの処分は果たして正しかったのかとポロリとこぼす同僚たちの姿を幾度となく見てきました。警備官の中には、親身になって被収容者（以下、収容されている人たちの意味で、「収容者」と表記）の話に耳を傾け、送還の際には涙を浮かべて送り出す職員もいたと聞きます。もっとも、職員の見解も十人十色で、中には入管のやり方は生ぬるい、もっと厳しく外国人を取り締まり、どんどん強制送還していくべきだと主張する職員もいます。それぞれの思いがあるにせよ、入管行政は何かおかしい、このままでいいのか、という思いは持っていたような気がします。

どのような視点に立つにせよ、入管行政というものには、100%の正解と言えるものはありません。

いくら入管行政がおかしいと言っても、じゃあお前の言っていることは正しいと言いきれるかと言われれば返す言葉もないのです。そして、入管職員は「どうせ、何を言っても変わらない。あれこれ考えず、取りあえず、これまでどおりのやり方に従おう。公務員とはそういうものだから」と、自らを納得させ、自らの疑問を封印するのです。

日本人妻の涙

私の中で、封印したはずの疑問が再び頭をもたげるようになったのは、2016年、横浜入管の審判部門に2度目の異動になったときでした。詳しいことは後で紹介しますが、06年に私が初めて審判部門に勤務していた当時、入管は「不法滞在者5年半減計画」の下で在特を柔軟に運用していました。「在特」を積極的に認めることで、「不法滞在者」の数を減らしていたのです。

しかし、7年ぶりに横浜入管の審判部門に戻ってみると、以前は在留特別許可が認められていたようなケースでも、認められないようになっていたのです。ある時期には許可されていたものが、別のある時期には許可されない。こんなことがまかり通っていいのか……。しかし、入管の実務解釈は、外国人の在留の可否は法務大臣（＝入管）の政治的裁量によって恩恵的に決まるもので、ときどきの政策的判断によって、在留が認められたり、認められなくなったりするのは当然であり、そうした政治的裁量には比例原則（目的と手段の間に均衡性を要求する）や、平等原則（処分の平等性）は適用されない、というものでした。

「いったい、私から夫を奪う権利が、あなたにはあるとでも言うのですか！」

ある時、外国人と結婚していたある日本人女性から言われた言葉が、私の心に突き刺さりました。この女性の夫に在留特別許可は与えないという裁決の告知を言い渡したのは私でした。夫はただ茫然とするばかりで一言も発しませんでした。この決定でこの夫婦は最低でも5年は離れ離れで暮らさなければなりません。

「お願いですから、もう一回審査をしてください。私から夫を奪わないでください」

涙を流して必死に懇願する彼女に、内心では、以前だったら在留特別許可が出ていたのでは……と思いながら、「これは入管局としての決定です。不服があるなら、裁判を起こしていただくしかありません」と冷たく突き放しつつも、私には「政治的裁量」なるものが、実は外国人のみならず、自国民の「幸福追求権」をも侵害しているのではないかと思えてなりませんでした。

ただ、その一方で、そんなことを疑問に思う自分は、単に法学的知見に欠けているにすぎず、間違っているのは自分の方かもしれないと思ったりもしました。間違っているのはどっちだろう？　このもやもやした感覚はどんどん膨らんでいき、やがて、入管行政に横たわる「裁量」というものを突き詰めて考えてみたいと思うようになりました。

■入管を辞めてよかったのか……

こうして、私は2017年の春、働きながらでも通うことができ、当時、勤務していた横浜入管からも近かった神奈川大学大学院法学研究科の修士課程へ社会人入学しました。それは、私が入管に移ってきてから16年目、公務員になってからは28年目の春でした。

2年後、私は、「出入国管理システムにおける行政裁量の統制に関する一考察」という修士論文をまとめ、2019年、平成最後の年の春、大学院の修了と同時に入管を辞めました。

「入管を辞めてよかったか？」と問われれば、答えに窮する自分がいます。本当なら、入管に残って一現場職員として入管内部からいろいろなことを変えていく努力をするべきではなかったのか、そういうふうにも思う時もあります。大学院の指導教官であった出口裕明教授からも「せっかくここまで研究したのなら、それを入管で生かすべきだ」と言われました。たしかにそうすべきだったのかもしれません。しかし、私にはその自信もなく、また、そこまでタフではありませんでした。

ただ、入管を辞めなければ、この本を書くこともなかったでしょう。ならば、せっかくもらったこのチャンス、大学院で学んだことのエッセンスも盛り込んで、本書をさらに書き進めることにしましょう。

第2章　外国人は煮て食おうが、焼いて食おうが自由か？

1　入管が持つあまりにも強大な裁量権

入管行政は、裁量行政と言われています。

「裁量」。ごく簡単に言ってしまえば、法律などに縛られることなく、その人や組織の考えによって自由に判断し処理することですが、裁量それ自体は悪でも何でもありません。入管に限らず、どの行政分野においても多かれ少なかれ裁量は存在しますし、裁量のない行政は、硬直化し、気の利かないものになってしまうでしょう。

行政がさまざまな場面に応じて臨機応変に対応し、国民の利益を最大限尊重するためにも、裁量はなくてはならないものです。ただし、入管における裁量は、外国人の利益や人権を守るためというよりは、外国人を如何ようにも処分できるという、恣意的で不公平な判断を正当化するためのエクスキューズとして機能しているように思えてなりません。

■「外国人は煮て食おうが、焼いて食おうが自由」

半世紀以上前、「外国人は煮て食おうが、焼いて食おうが自由」という法務官僚の発言が国会で問題になったことがありました（1969年7月27日の衆議院法務委員会議事録）。その発言の真意がどこにあったかの詮索はさておき、入管がまさに「外国人は煮て食おうが、焼いて食おうが自由」にでき得るくらい、ウルトラ級の裁量権を持っているということは紛れもない事実です。

「法務大臣は、当該外国人が提出した文書により在留期間の更新を適当と認めるに足りる相当の理由があるときに限り、これを許可することができる。」（入管法第21条第3項）

これは、正規滞在者の在留期間の更新（ビザの延長）についての入管法の条文ですが、「適当と認めるに足りる相当の理由」がいったい何なのか、入管法には一切書かれていません。何が「適当」で、何が「相当」なのかは、法務大臣の裁量次第ということです。法律の条文なので、廻りくどい言い回しですが、平たく言えば、「まっ、いっか」と法務大臣（＝入管）が思った時だけ、お情けでビザを延長してあげますよ、ということなのです。

オーバーステイなどの強制送還対象者に対しても、入管法には「法務大臣が特別に在留を許可すべき事情があると認めるとき」（入管法第50条第1項第4号）には在留特別許可が認められるとあります。しかし、これも、いったい何をもって「特別の事情」というのか、その基準がどこにあるのかは、法律には一切書かれていません。

もっとも、２０２３年の入管法改正で新たに次のような条文が付け加えられました。

「法務大臣は、在留特別許可をするかどうかの判断に当たっては、当該外国人について、在留を希望する理由、家族関係、素行、本邦に入国することとなった経緯、本邦に在留している期間、その間の法的地位、退去強制の理由となった事実及び人道上の配慮の必要性を考慮するほか、内外の諸情勢及び本邦における不法滞在者に与える影響その他の事情を考慮するものとする。」（改正入管法第50条第５項）

しかし、これもあくまでも、こういうものを考慮しますよ、と宣言しているにすぎず、考慮事項をどのように判断するのか、どのような基準をもって考慮事項を判断していくのかについてはまったく触れられていません。結局は入管の裁量次第ということです。

入管施設に収容されている外国人（被収容者、以下、「収容者」と表記）の身柄を一時的に解く仮放免許可については、２０２３年の法改正で監理措置が新たに導入されましたが、現行入管法は、仮放免について「入国者収容所長又は主任審査官は……収容されている者の情状及び仮放免の請求の理由となる証拠並びにその者の性格、資産等を考慮して……その者を仮放免することができる」と規定しています。

ここにも基準らしきものはまったく示されておらず、結局は、収容所長または主任審査官の腹次第ということなのです。

このように入管法には「適当」だとか、「相当」だとか、「特別の事情」だとか、その言葉の輪郭があいまいな「不確定概念」がちりばめられており、強大な裁量権を行政庁（＝入管）に与えているのです。

■「裸の王様」入管

それだけではありません。行政手続法という法律があります。その第1条には「この法律は……行政運営における公正の確保と透明性……の向上を図り、もって国民の権利利益の保護に資することを目的とする」とあります。通説ではこの条文の「国民」の中に「外国人」も含まれるとされています。ところが「外国人の出入国に関する処分」は、この法律の主要な部分から適用除外とされているため、入管には審査基準や処分基準を設定する義務などもなく、不利益処分に際してその理由を説明する義務も課せられていないのです。

2023年の入管法改正でようやく、「在留特別許可」「仮放免許可」、そして新たに創設された「監理措置」については、それを認めない場合（＝不利益処分をする場合）は、「理由を付した書面をもって」相手方に通知する旨の条文が新たに付け加えられました。ただ、圧倒的多数派である正規滞在者の在留資格変更申請や在留期間更新申請、永住許可申請にかかる不利益処分は、入管法改正後も何一つ変わらず、理由の提示は義務付けられていないままなのです。

さらに、入管の判断・処分は、最初から最後まで入管だけで行われ、第三者や司法機関が一切関与しません。たとえば、収容から送還まで、あるいは仮放免をするかしないかを含めて、すべての手続きは入管の中だけで行われていて、第三者機関が関与しません。収容は人身の自由を奪う行為ですから、刑事手続きだったら、裁判所の令状が必要になります。しかし、入管の手続きでは、収容令書は入国警備官という入管職員の請求に基づいて主任審査官という同じく入管職員が発付し、裁判所はまったく関与しないのです。

収容後の退去強制手続も、「入国審査官による違反審査」、「特別審理官による口頭審理」、「法務大臣（地方入管長）の裁決」という三段階のステップを踏みますが、刑事手続きのように、警察、検察、裁判所とそれぞれ別の独立した機関によって慎重な判断が行われるわけではなく、収容から送還までの一連の退去強制手続は、いわば、警察官、検察官、裁判官、刑務官の役割をすべて入管職員が担っており、強大な権限が入管という一つの役所の中に集中しているのです。

間違いを犯さない人間がいないように、行政だって間違いを起こす可能性は常にあるわけです。そのために本来ならば「適正手続き（＝デュープロセス）」が重視され、行政の透明化が図られるはずです。しかし、入管行政に限って言えば、「外国人には在留が権利として認められていない」という伝統的な考えのもとで、外国人は完全にデュープロセスの外側に置かれっ放しにされているのです。

入管の不幸は、間違いを間違いと指摘してくれる存在がいないということ、つまり、入管が「裸の王様」であるということです。

「裁量」というものはナイフみたいなもので、うまく使えばリンゴの皮をきれいにむくことができますが、反面、人を脅す道具になったり、人を刺す凶器にもなりえます。しかし、「裸の王様」の入管がそのナイフをうまく使いこなせているのか、疑問が沸いてきます。もちろん、入管だって悪意を持ってナイフを振り回しているわけではなく、国のため、国民のため良かれと思って自らの裁量権を行使しているはずです。特に職員一人ひとりは、いろいろなことを思い悩みながら仕事に向き合っていることを私は知っています。しかし、誰も見ていない、誰からも検証されないという構造的な緊張感のなさが、職員の個人的な感情とはまた別の不可解なアルゴリズムと組織的慢心を生み出しているような気がしてなりません。

2 「政治」をする入管職員

入管の裁量権の問題は、その裁量が強大であるというだけにとどまらず、誰がその強大な権限を行使するのかという問題もはらんでいます。入管法上、在留資格の変更や更新、あるいは在留特別許可、難民認定の判断権者は法務大臣ですが、2001年の入管法の改正によって法務大臣の権限の大半は、地方入管の長に権限が委任されています（入管法第69条の2）。つまり、入管の処分・決定に係るほとんどすべての事案の最終判断権者は、法務大臣ではなく地方入管局長になっているのです。

■「法務大臣」と「地方入管局長」

法務大臣は内閣を構成し、国会に対して直接責任を負う者。かたや地方入管局長は全国に8つある入管の地方出先機関の長で法務省の一職員にすぎない者。にもかかわらず、持っている権限は同じ。これは結構、コワイことです。

地方入管の局長は、全入管職員約6200人のうち8人しかいませんので、「選ばれし者」であることは確かですが、人格者である保証はありません。中にはとても意地悪な人、トラブルメーカーがいるかもしれません。また、自らの思想・信条で、やたら在留申請を不許可にしたがったり、在特を出し渋って強制送還したがったりする局長がいるかもしれません。反対に面倒なトラブルを避けるため、なんでもかんでも許可にしたがる局長もいるかもしれません。

閣僚である法務大臣ならば、その資質がなければ、総理大臣によっていつでも罷免されます。しかし、官僚である地方入管局長には、そういうチェックは効きません。入管内部の「人事」によって、たまたま「地方入管局長」という地位に就いた8人が、その広範な裁量権を行使することになるのです。

ついでに言えば、法務省というのはほかの役所と比較するとかなり特殊な省庁で、国家公務員総合職試験（旧Ⅰ種試験）に合格したいわゆるキャリア官僚の上に、司法試験をパスした検察官僚が君臨している構造になっていて、主要ポストはほぼ検察官で占められています。普通の役所では、キャリア官僚が事務次官という事務方トップの座を狙って熾烈な出世競争が繰り広げられるのですが、検察庁がメインストリームである法務省では、事務次官はおろか、本省の局長・部長級もほぼすべて検察官で占められるため、キャリア試験をパスしていても、法曹資格がなければエリート扱いされず、中には戦意喪失して心を病んでしまったり、離職してしまうキャリア職員も多いと言われています。ちなみに法務省のトップは事務次官ではなく、検事総長で、歴代の入管トップも、代々検察官が就くのが慣例となっています。入管庁の初代長官の佐々木聖子氏は検察官ではなく入管のプロパー（生え抜き）職員でしたが、入管の歴史の中でプロパー職員がトップに就いたのは佐々木氏を含めて3名のみです。

一方、地方局長には、多くの場合、入管のプロパー職員が就きますが、このようなキャリア職員の人材不足と「検事以外はみな同じ」という独特な組織マインドがあるため、ノンキャリア職員がキャリア職員を飛び越えて地方局長になったり、大卒資格者よりも高卒資格者の方が早く出世したりといった「下剋上人事」も珍しいことではありません。

これは採用区分や学歴と関係なく出世の道が開かれているというプラス面がある一方で、生え抜きのキャリア職員の人材不足に伴うリーダーシップの不在や、情実的な人事による職員の士気の低下という負の側面もあり、入管の裁量権の行使にも大きな影響を及ぼしているのです。

■一国一城の殿様

公務員というのは（いや、たぶん公務員に限らず）、多かれ少なかれ上司の顔色をうかがいながら仕事をするものです。強大な権力を持った地方入管局長にそう逆らえるものではありません。査定にも影響しますし、給料にも影響します。機嫌を損ねれば、左遷されてしまうかもしれません。結局「ああ、いまのこの局長だったら、きっとこう考えるだろうな。こういうような処分をしたがるのだろうな」と、局長の嗜好に合わせて、先回りして判断をしがちになるものです。

たとえて言うなら、入管行政は、幕藩体制における藩政のようなものです。それぞれの藩士（＝職員）は、江戸にいる将軍や老中（＝法務大臣、出入国在留管理庁長官）ではなく、身近な藩主や城代家老（＝地方入管局長）に従います。無事宮仕えをまっとうしようと思うのなら、まず藩主に気に入られるよう、藩主やその取り巻きの家老が喜ぶことをしようとするのは当然です。人事異動という名の下で仕える藩主は目まぐるしく代わりますが、ビザを不許可にしたがる殿様の下では厳しく、そうでない殿様の下では柔軟にというわけです。

このような入管の機構の中で、同じようなケースであっても、A局では許可、B局では不許可というようなことが当たり前のように起きています。本来であれば、国の行政はどこに行っても、誰がやっても、同じようなものであれば同じような処分がなされるという普遍性が大前提のはずですが、極めて属人的でストリートレベルでの裁量が行われている入管行政には、その原則が当てはまらないのです。

一地方出先機関の入管職員が政治を行い、外国人はその職員に生殺与奪権を握られ、職員の腹次第でその後の人生は大きく変わっていく。少なからずの外国人にとって、日本で平穏に暮らしていくのにもっとも必要なものの一つは、実は「運」というものかもしれません。

「でも、最終的には裁判所が正しい判断をしてくれるのでは？」という人もいるかもしれません。しかし、裁判所が下すのはあくまでも入管の判断が「違法」なのかどうかだけなのであって、その判断の「当不当」を判断することはしないのです。それには、40年以上前に出されたある判決が、外国人たちの前に大きく立ちはだかっているのです。

3　マクリーン事件最高裁判決の呪縛

今から40年以上前、現在においても入管行政や入管訴訟に大きな影響を及ぼし続けているある判決が出ました。

マクリーン事件最高裁判決（1978年10月4日・最高裁大法廷判決）。

基本的人権の保障は、権利の性質上日本国民のみをその対象としているものを除き外国人にも等しく及ぶとする、いわゆる「権利性質説」を定着させたことで有名なこの判決は、その一方で、日本の入管にフリーハンドの裁量権のお墨付きを与え、これまで、在留外国人の前に大きな壁となって立ちはだかっている判決でもあります。

■マクリーン事件とは

この裁判の原告であるアメリカ国籍のロナルド・アラン・マクリーン氏は、1969年5月10日、英語教師として、在留期間を1年とする上陸許可の証印を受けて日本に入国しました。1年後、さらに1年間の在留期間の更新を申請したところ、法務大臣（入管）は1年間の更新は認めず、その代わりに「出国準備期間」として120日間のみの在留期間を許可しました（これは120日以内に日本から出て行け、ということに他なりません）。

これを受けて、マクリーン氏は再度、1年間の在留期間の更新を申請しましたが、入管はそれ以上の更新を認めませんでした。入管が在留期間の更新を不許可にした表向きの理由は、Aという語学学校に就職するとして入国したのに、無届けで別のBという学校に転職したというものでした。

1970年9月、マクリーン氏は「在留期間更新不許可処分の取消しを求める行政訴訟」を起こします。一審で法務大臣は、「無届けの転職」に加えて新たに彼の「政治活動への参加」

を挙げたことから、これが裁判の主な争点となっていきます。

マクリーン氏が日本に入国した1969年。ベトナム戦争が泥沼化し、日本でもベトナム反戦運動が盛り上がりを見せていた時代でした。英語教師をやりつつ、日本美術や古典音楽に深い興味を持ち、琵琶や琴を習得するために専門家に師事する傍ら、彼は「外国人べ平連」(ベ平連＝ベトナムに平和を！　市民連合)に所属し、ベトナム反戦運動や日米安保反対闘争の集会やデモに参加したりしていました。もっともその集会やデモは合憲的・合法的なものでした。

法務大臣(＝入管)は、外国人の分際で日本で政治活動をやるとはけしからん、ということだったのでしょうか、集会やデモへの参加は「『日本国の利益』を害する虞れのある行為」であるとして在留期間の更新を認めませんでした。

一審の東京地裁は、法務大臣が相当程度広い裁量権を持っているということは認めつつも、その裁量権は「憲法そのほかの法令上、一定の制限に服するのは当然である」とし、原告の行った政治活動は「日本国民および日本国の利益を害する虞れがあるものとは認められない」として、入管がビザの延長を認めなかったことは違法であるという判決を下し、マクリーン氏が勝訴しました。

もし、法務省がこの一審判決を受け入れ、この判決が確定していたら、入管訴訟のみならず、入管行政そのものがいまとはまったく違ったものになっていたかもしれません。しかし、法務大臣はこの一審判決を不服として控訴しました。二審（控訴審）の東京高等裁判所は一審判決を取り消し、原告が逆転敗訴。事件は最高裁に持ち込まれました。

■外国人の人権は「外国人在留制度の枠内で与えられているにすぎない」

最高裁は、憲法が保障する基本的人権は「外国人在留制度の枠内で与えられているにすぎない」とし、法務大臣の判断が違法となるのは、「その判断が全く事実の基礎を欠き又は社会通念上著しく妥当性を欠くことが明らかである場合」に限られるとしました。その上で、原告の政治活動については、「それ自体は憲法の保障が及ばない政治活動であるとは言えない」としつつも、「広範な裁量権を持つ法務大臣がその活動を日本国にとって好ましいものではないと評価して在留期間の更新を不許可としても、違憲の問題は生じない」としました。

政治活動の自由は基本的に外国人にも保障されるとしながらも、他方でその保障されるべき人権を行使したことによって在留を不許可としても何ら違法ではないとする不可解なロジックに、異議を唱える裁判官は当時いなかったらしく、１９７８年10月４日、最高裁大法廷は一人の反対意見も補足意見もなく裁判官全員一致で上告を棄却しました。

入管はただマクリーン事件の裁判に勝っただけではありません。自らが下す判断はよほどのことがない限り違法とはならないという、まさに白紙委任的なフリーハンドの裁量権のお墨付きを最高裁からもらったのです。

4　「ガイドライン」という名の罠

マクリーン判決には次のような一文があります。

「裁量権行使の準則を定めることがあっても、このような準則は、本来、行政庁の処分の妥当性を確保するためのものなのであるから、処分が右準則に違背して行われたとしても、原則として当不当の問題を生ずるにとどまり、当然に違法となるものではない。」

■ガイドラインは単なる目安にすぎない

裁判所らしい廻りくどい言い回しですが、要するに、「内輪で決めた基準のようなものがあったとしても、あくまでも内部的なものであるから、それに従わなくても違法となることはない」と言っているわけです。

これはまさに入管が内輪で決め、公表している「ガイドライン」の運用にも大きな影を落としています。入管庁は「永住許可のガイドライン」や「在留特別許可に係るガイドライン」（資料①参照）など、いくつかのガイドラインを自ら設定し、ホームページなどで公表しています。

しかし、入管当局も裁判所も、一貫してガイドラインは単なる目安であって、裁量基準ではないとし、ガイドラインには「法的拘束力（自己拘束力）」がないと言っています。つまり

資料①　在留特別許可に係るガイドライン（冒頭部分）

在留特別許可に係るガイドライン

平成１８年１０月
平成２１年７月改訂
法務省入国管理局

第１　在留特別許可に係る基本的な考え方及び許否判断に係る考慮事項

在留特別許可の許否の判断に当たっては，個々の事案ごとに，在留を希望する理由，家族状況，素行，内外の諸情勢，人道的な配慮の必要性，更には我が国における不法滞在者に与える影響等，諸般の事情を総合的に勘案して行うこととしており，その際，考慮する事項は次のとおりである。

積極要素

積極要素については，入管法第５０条第１項第１号から第３号（注参照）に掲げる事由のほか，次のとおりとする。

１　特に考慮する積極要素

（１）当該外国人が，日本人の子又は特別永住者の子であること

（２）当該外国人が，日本人又は特別永住者との間に出生した実子（嫡出子又は父から認知を受けた非嫡出子）を扶養している場合であって，次のいずれにも該当すること

ア　当該実子が未成年かつ未婚であること

イ　当該外国人が当該実子の親権を現に有していること

ウ　当該外国人が当該実子を現に本邦において相当期間同居の上，監護及び養育していること

（３）当該外国人が，日本人又は特別永住者と婚姻が法的に成立している場合（退去強制を免れるために，婚姻を仮装し，又は形式的な婚姻届を提出した場合を除く。）であって，次のいずれにも該当すること

ア　夫婦として相当期間共同生活をし，相互に協力して扶助していること

イ　夫婦の間に子がいるなど，婚姻が安定かつ成熟していること

（４）当該外国人が，本邦の初等・中等教育機関（母国語による教育を行っている教育機関を除く。）に在学し相当期間本邦に在住している実子と同居し，当該実子を監護及び養育していること

（５）当該外国人が，難病等により本邦での治療を必要としていること，又はこのような治療を要する親族を看護することが必要と認められる者であること

- 1 -

（入管ホームページより抜粋）

「ガイドラインというのはただの目安だから、入管はガイドラインに縛られないし、たとえガイドライン通りの判断をしなかったとしても、それでガイドライン違反として法的に問題になることもない」というわけです。自分たちで決めた「ガイドライン」を、別に守る必要はないというのですから、ガイドラインが形骸化するのは必然です。

「在留特別許可に係るガイドライン」では、在留特別許可の許否の判断に当たって考慮する事項として、「特に考慮する積極要素」「その他の積極要素」「特に考慮する消極要素」「その他の消極要素」の4つを挙げ、積極要素として考慮すべき事項が明らかに消極要素として考慮すべき事情を上回る場合には、在留特別許可の方向で検討するものとされています。

■違法状態の上に築かれた婚姻

ちなみに、「在留特別許可に係るガイドライン」では日本人などと結婚している場合で、「夫婦として相当期間共同生活をし、相互に協力して扶助し」かつ「夫婦の間に子がいるなど、婚姻が安定かつ成熟していること」は、「特に考慮する積極要素」だとされています。これを素直に読めば、長く続いた結婚生活は（子がいることは例示列挙であり、たとえ夫婦に子がいなくとも）「特に考慮する積極要素」に当たり、在留特別許可も得やすいのではないか、と多くの人は考えると思います。少なくともマイナス評価にはならないだろうと。ところが、いざ在留特別許可の判断の場面になると、入管は、積極要素であるはずの長期にわたる超過滞在者と日本人との婚姻については「違法状態の上に築かれた婚姻関係については、保護すべき必要性が特に低い」（2014年8月28日東京地方裁判所判決における国側の主張）と平然と言い放ち、裁判所もそれを追認するのです。

オーバーステイ中の婚姻期間が長ければ長いで違法性が高いと言い、短ければ短いで安定性がないと言う。どちらに転んでも、入管はそれを「悪質性が高い」というマジックワードで、いとも簡単に正当化してしまうわけです。

そもそもガイドラインが策定された主目的は、それを公開することによって、「在留特別許可を受けられる可能性のある者のいっそうの出頭を促し、在留特別許可の対象となり得る者についてはこれを適正に許可し、その法的地位の早期安定化を図っていく」（「第4次出入国基本計画〈2010年3月〉）ためだったはずです。

ところが、ガイドラインという「餌」で非正規滞在者を入管に出頭させ、その後は、ガイドラインは単なる目安にすぎないと言い放ち、入管が恣意的な判断を行う。これでは誰もガイドラインや入管を信じなくなるのも当然のことです。

ちなみに、入管は裁判においても、ガイドラインには法的拘束力がないという原則論を振りかざすばかりで、個別のケースに対して、ガイドラインを具体的にいかに当てはめ、それに対していかなる検討を加えたのか、その詳細を決して明らかにしようとしません。裁判の中でも、ガイドラインの運用はブラックボックスの中にあり続けているのです。

■SNSを駆使する外国人

入管は、在留特別許可の「透明性を高める」ためとして、2004年から「在留特別許可された事例及び在留特別許可されなかった事例について」（資料②参照）を毎年公表しています。

2020年度の事例として、在特の許可事例と不許可事例がそれぞれ19件ずつ公表されています（毎年同程度数）。在留特別許可の件数は近年減少しているとはいえ、2016年から20年までの5年間では、年間1200～1500件程度が許可され、400～1200件程度が不許可となっています。

つまり、入管当局が公表する許可・不許可事例は、入管当局によって都合よく取捨選択されたごくわずかな事例にすぎず、大多数の事例は非公表です。しかし、SNSが普及したいま、外国人たちはSNSを駆使して情報を交換し、自分たちのケースと同じような事例を探し出し、それがいかなる扱いを受けたのかを調べ上げることができるようになりました。

ちなみに在留特別許可を得るためには、退去強制手続の中で口頭審理を請求する必要がありますが、口頭審理請求率（退去強制手続の件数に占める口頭審理請求件数の割合）は、退去強制対象者のうち、在特を求める人がどのくらいの割合でいるのかのバロメーターにもなります。在留特別許可の許可事例・不許可事例が公表されるようになった2004年以降の「口頭審理請求率」を見ると（資料③参照）、2012年の43・2%をピークに徐々に減りはじめ、

資料②　在留特別許可された事例及び在留特別許可されなかった事例について（冒頭部分）

令和３年７月
出入国在留管理庁

在留特別許可された事例及び在留特別許可されなかった事例について（令和２年）

1　在留特別許可について

入管法第50条に規定する在留特別許可は，法務大臣の裁量的な処分であり，その許否判断に当たっては，個々の事案ごとに，在留を希望する理由，家族状況，生活状況，素行，内外の諸情勢その他諸般の事情に加え，その外国人に対する人道的な配慮の必要性と他の不法滞在者に及ぼす影響とを含めて，総合的に判断しています。

在留特別許可については，これまでも上記の観点から適切な運用を図ってきており，在留特別許可の透明性を高めるため，平成16年以降，各種の事例を公表しているところですが，本年も，令和2年1月1日から同年12月31日までに在留特別許可された事例のうち19件，在留特別許可されなかった事例のうち19件について，類型別に分類の上，次の2のとおり公表します。

なお，事例については，今後も毎年公表する予定です。

（注1）難民認定手続の中で在留特別許可された事例については，入管法第61条の2の6第4項の規定により，入管法第50条の規定が適用されず，入管法第61条の2の2の規定により，難民認定手続の中で在留特別許可の許否の判断をするものとされていることから，これらの事例を除いています。
（注2）注1と同様の趣旨から，難民認定手続の中で在留特別許可されなかった事例についても除いています。
（注3）次の2の「在日期間」，「違反期間」及び「婚姻期間」は，特別審理官による判定までの期間です。

2　在留特別許可された事例及び在留特別許可されなかった事例

（1）配偶者が日本人の場合

○　在留特別許可された事例

	発覚理由	違反態様	在日期間	違反期間	婚姻期間	夫婦間の子	刑事処分等	許可内容	特記事項
1	出頭申告	不法残留	約6年6月	約4年3月	約1年11月	1人 （未成年者）	無	在留資格：日本人の配偶者等 在留期間：１年	
2	出頭申告	不法残留	約1年7月	約1年6月	約1年4月	無	無	在留資格：日本人の配偶者等 在留期間：１年	
3	出頭申告	不法残留	約1年4月	約1年1月	約6月	無	無	在留資格：日本人の配偶者等 在留期間：１年	夫婦間の子を妊娠中のもの。
4	警察逮捕	売春従事	約23年7月		約23年5月	1人 （成年）	売春防止法違反（勧誘）により，罰金5万円の略式命令	在留資格：日本人の配偶者等 在留期間：１年	
5	摘発	不法入国	約16年3月	約16年3月	約10年1月	3人 （未成年者）	無	在留資格：日本人の配偶者等 在留期間：１年	

（入管ホームページより抜粋）

資料③　口頭審理請求率

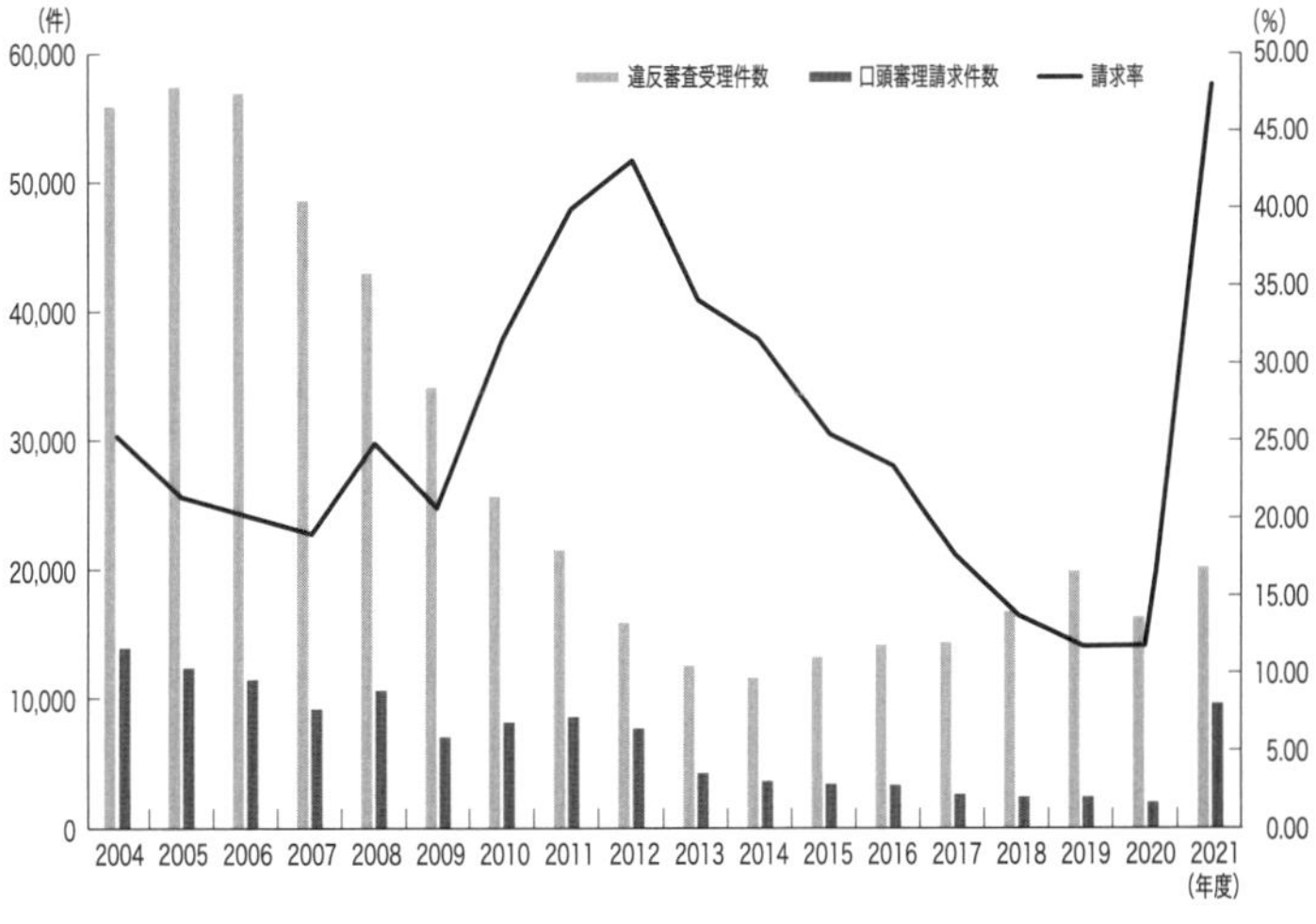

（「出入国在留管理（入管白書）」を基に筆者作成）

２０１９年には11・７％、20年には12・２％にまで減少しています（なお、２０２１年に口頭審理請求率は47・８％となっていますが、これはコロナ禍による帰国困難者が在特を求めたことによるものと推測されます）。

分母となる退去強制手続の件数が激減しているとはいうものの、この２０１２年以降の口頭審理請求率の急激な低下は、もしかすると、ＳＮＳの普及に伴い、多くの外国人が、入管が公表するごくわずかな事例などは、「在特」をちらつかせて外国人をおびき寄せ、後は入管の胸三寸で都合よく料理しようとする「罠」であることに気付きはじめ、出頭を控えるようになったからかもしれません。

入管が生殺与奪権を握る「外国人は煮て食おうが、焼いて食おうが自由」の時代は終焉を迎えつつあり、「入管は公平な判断を行っているのか……」という素朴な疑問に入管から真っ当な回答がなければ納得しない、そんな時代になりつつあるのかもしれません。

5　不服申立て制度の不備

正規滞在者のビザの更新や変更、あるいは非正規滞在者の在特、仮放免許可が認められなかった場合、外国人の出入国に関する処分は「行政手続法」の大半から適用が除外されているため、不許可理由に関して、入管側から必ずしも納得がいく説明がされるとは限りません。ちなみに、マクリーン事件裁判では、国は「在留期間の更新の許否の処分をするに当たって、その理由を明示することは法律上要求されていないから、（中略）原告の政治活動がその理由となっていることを原告に告知しないのは当然」と主張しています。

■「不服」は取り上げてもらえない

理由も分からず、「ビザはあげません。とっとと国に帰りなさい」と言われれば、多くの外国人は「そいつはあんまりだ。納得できない！　お願いだから、ほかの人たちの意見も聞いてくれよ」と要求すると思います。私も入管の職員時代、よくそう言われたものです。しかし、外国人の出入国に関する処分（難民手続を除く）は「行政不服審査法」という法律の大部分で適用外となっているため、「不服」は取り上げてもらえないのです。

要するに、難民認定以外の入管処分については、「不服」なら裁判所へどうぞ、ということなのですが、裁判には、多大な費用と労力がかかります。日本人でも裁判を起こすのは大変なことで、外国人にとってはなおさらのことです。なんとか裁判を起こすことができたとしても、マクリーン判決の壁によってはね返され、原告が裁判に勝つ可能性はほとんどありません。

■脅威の勝訴率、無敵の入管

２０１９年の入管関連判決は３５０件ありますが、国側（入管側）が敗訴したものはわずか

6件、国の勝訴率は実に98・3%。2020年の判決数は合計234件で、国側が敗訴したのは9件で勝訴率は96・2%。2021年の判決数は203件、国側敗訴が4件、勝訴率98・0%。つまり国と闘って原告が勝訴を勝ち取る可能性はわずか2〜4%で、まさに入管無双、無敵の入管なのです。しかし、だからといって、この勝訴率は入管の処分の正当性を裏付けるものではありません。裁判所はあくまでもその処分の違法・適法を法に基づいて判断したのであって、その処分が適切だったのかを判断したわけではないのです。

裁判官が実は内心では「その処分はちょっと厳しくないか?」と思ったとしても、入管法が広範な裁量権を行政に認めている以上、また、それにマクリーン判決がお墨付きを与えている以上、よほどのことがないかぎり違法判決を書くことはできないのです。

もしかしたら、少なからずの裁判官が、内心ではこう思っているかもしれません。

「実は自分も本当は入管の判断はおかしいと思っているんだよ。でも、裁判官は入管の代わりにビザを出すことはできないんだ。法律が入管に大きな裁量権を委ねている以上、残念ながら裁判所ができることは、ほとんどないんだ。君たちには同情するが、文句があるなら入管法に言ってくれ」

裁判所は助けてくれない、行政処分の不服を申し立てる制度もない。正規・非正規を問わず、日本の入管制度の前では、外国人は圧倒的弱者なのです。

ちなみに入管関連の訴訟提起の受理件数は、2013年の391件をピークにその後は減少

資料④　年間訴訟受理件数

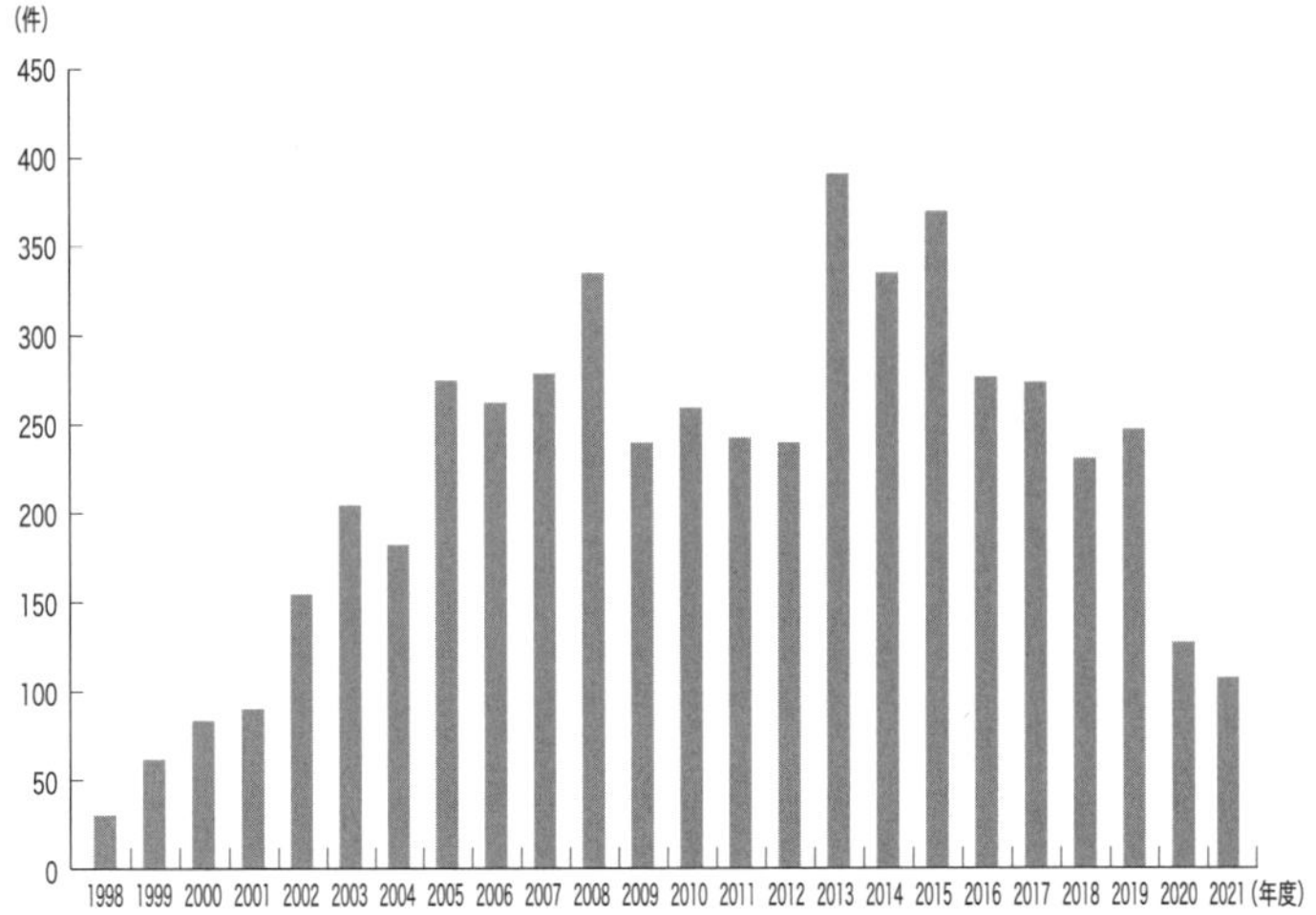

（「出入国在留管理（入管白書）」を基に筆者作成）

傾向が続いていますが（資料④参照）、これも裁判をしてもどうせ勝てない、というある種の諦めが外国人の心理に定着したからかもしれません。

6　全件収容主義の限界

オーバーステイや不法入国、あるいは刑罰法令に違反をして一定の罰を受けた人たちなど、いわゆる「退去強制事由該当者（退去強制対象者）」は、現行入管法上、基本的に全員収容されることになっています。全件収容主義（あるいは収容前置主義）などと呼ばれます。

■オーバーステイの一斉取り締まりは不可能

現行入管法上、退去強制対象者は原則とし

て収容されたまま退去強制手続を受けます。在留特別許可（在特）が認められず、強制送還の命令書（退去強制令書）が出ると、「送還可能な時まで」収容が継続されます。

このいわゆる「全件収容主義」の下、退去強制対象者は、老若男女を問わず、たとえ幼い子どもであっても全員収容され、退去強制令書が出た後は、送還されるまで収容が継続します。しかし、これは入管法の建前にすぎません。全国の入管収容施設の定員数は3500人足らずといわれており、一方のオーバーステイなどの超過滞在者だけでも、かつては30万人近く、近年では減少したとはいえ2021年1月の時点で8万人超、22年1月の時点でも7万人近くがいるとされています（資料⑤参照）。

もし、入管が本気でオーバーステイの一斉取り締まりをして、全員を収容したら、約7万人の収容者で収容不能になってしまいます。現実には、退去強制対象者全員を収容することも、送還可能の時まで収容を継続することも不可能なのです。

なお、2023年の入管法改正で、収容に代わる新たな措置として「監理措置」が導入され、退去強制対象者に監理措置に付されると、収容されることなく外で生活することができるようになりました。しかし、この監理措置も主任審査官が「相当」と認める場合にその者を監理措置に付する（改正法第44条の2）とされ、従来の仮放免制度と同様、入管が監理措置に付さないと判断すれば収容されることとなります。

資料⑤　不法残留者（超過滞在者）の推移

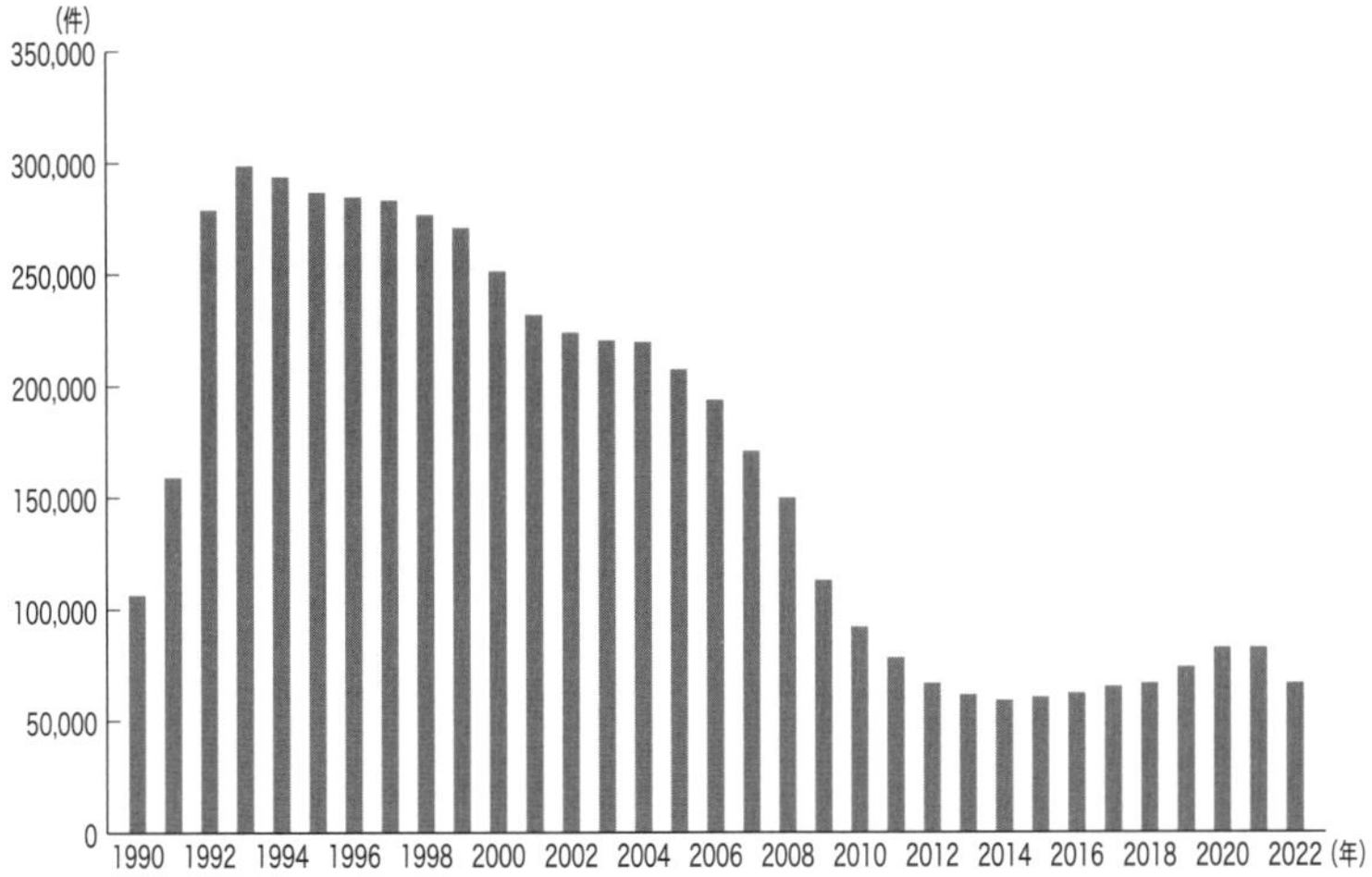

（法務省資料を基に筆者作成）

2つの仮放免許可

このように収容施設のキャパシティには限界があり、現実的には退去強制対象者の全件収容は不可能で、どこかの時点でその多くの収容を解かざるを得ないわけですが、現行の仮放免許可には２つの種類があります。

①収令仮放免――退去強制手続を受けるための収容令書が出ている人に対して許可される仮放免。

②退令仮放免――すでに退去強制令書が出ている人に対して許可される仮放免。

収令仮放免と退令仮放免の違いをあえて一言で言うと、まだ強制送還が決まっていない人（退去強制手続で在特がもらえる可能性が残っている人）に出されるのが収令仮放免許可、すでに強制送還が決まった人（退去強制

資料⑥　仮放免許可の推移

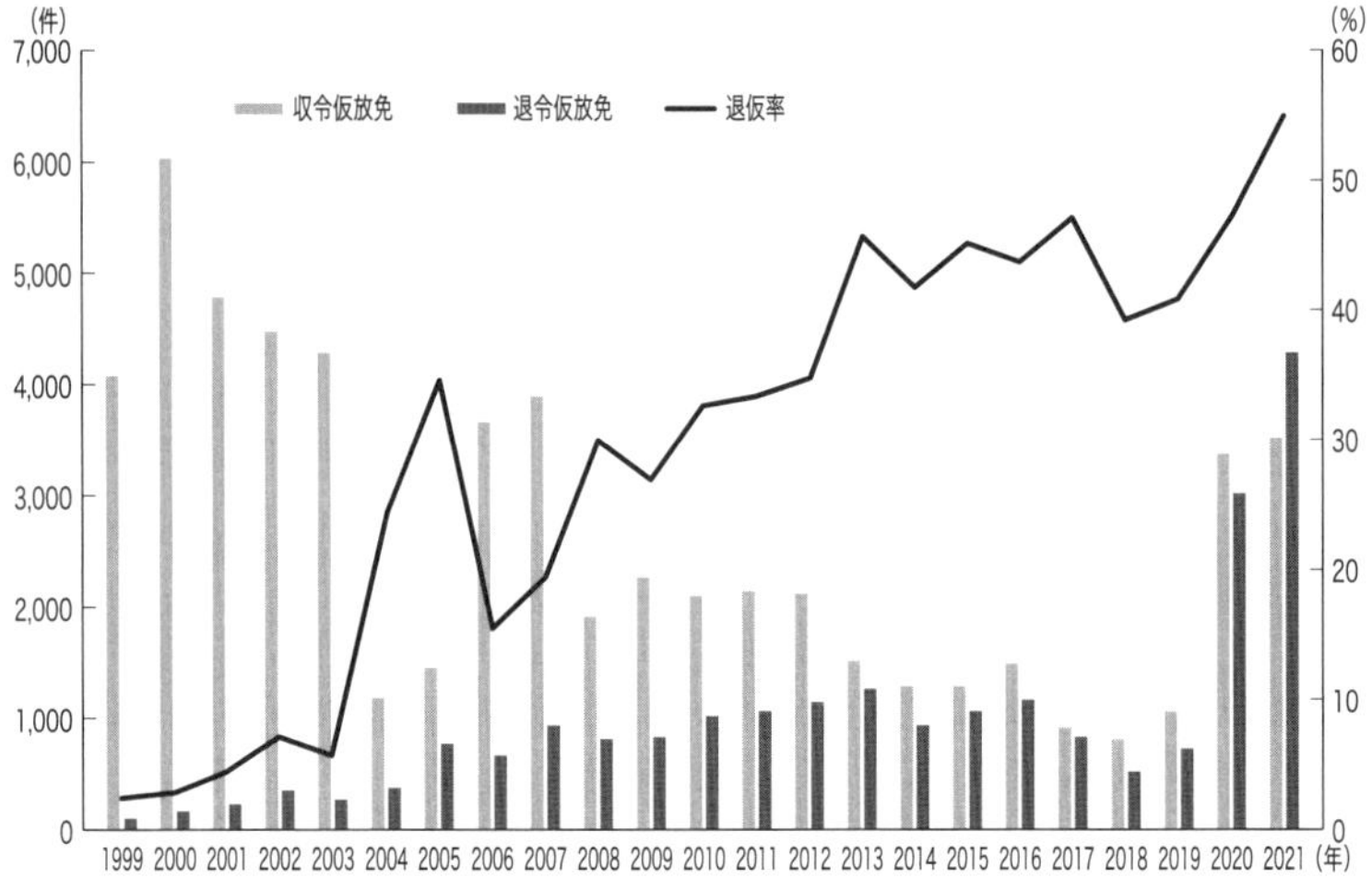

（法務省資料を基に筆者作成）

手続により在特がもらえなかった人）に出されるのが退令仮放免許可ということになります。

かつては大半が「収令仮放免」でした。２０００年には年間６２０２件のうち６０３１件、97％以上が収令仮放免でしたが、04年頃から「退令仮放免」が増えはじめ、03年までは10％未満だったものが、04年には20％を超え、13年以降は40％程度に増加しています（資料⑥参照）。

退令仮放免が増加した要因は２つ考えられます。

１つ目は、強制送還を拒む人たちが増えたということ。

２つ目は、難民申請をする人たちが増えたということ。

送還を拒む人たちの多くは、難民申請もし

ているので、両者は重複する場合もあります。なぜ送還拒否者や難民申請者が増えたのかについては、後ほど触れたいと思います。

■苦しい仮放免者の生活

収令仮放免、退令仮放免とも文字通り一時的な身柄の解放ですが、実際には、10年以上も仮放免（退令仮放免）されている人たちも少なくありません。仮といえども放免されているのだから、一件落着じゃないかと思われるかもしれませんが、仮放免は、在留が許可されたということではありません。

仮放免の状態では基本的には働くことはできないし、社会保険に入ることもできません。また移動の制限があり、居住している都道府県の外に出る場合は、入管から一時旅行許可をもらわなければなりません。働くことができなければ、配偶者や親戚の世話になるか、支援者の支援に頼らざるを得ないのです。正規在留者と同じような生活を送っているように見えても、仮放免者の生活はとても苦しいのです。

もっとも、入管に言わせれば、「だったら、退去強制令書を受け入れて、早く国に帰ればいいじゃないか」ということになるでしょう。また、仮放免で自由に働けたり、保険にも入れるとなれば「在留資格」の意味はなくなり、入管の言うことなど誰も聞かないようになってしまうかもしれません。一方、外国人側から言わせれば、「自分たちは帰るに帰れない事情を抱えているのに、入管がそれを理解してくれない」ということになって、結局、水掛け論になってしまいます。

■「全件収容主義」は国益に叶うのか

このような全件収容主義を前提とした退去強制システムは、「出入国管理令」（1951年）の時代から、ほとんど何も変わることなく現在に引き継がれています。今回の法改正で「監理措置」が導入されたからといって、その基本的性格が変わるわけではありません。

このシステムが成立した70年前には、まさか送還を拒否する人たちがこれほどの人数に膨れ上がることが想定されていなかったはずです。また、日本が難民条約を批准したのも1981年のことで、そもそも難民を受け入れるということ自体が想定されていませんでした。つまり、全件収容主義というものは、送還を拒否したり、難民申請をしたりする外国人をまったく想定することなく、収容には必ず終わりがある、という前提で成り立っているシステムなのです。

このような日本の収容制度（＝全件収容主義）については、実は国連の人権委員会などから「収容は必要最小限にとどめるべき」と、たびたび勧告されています。当然のことながら、「収容」には税金が投入されコストがかかります。国際的な批判を浴びてまで、多くの税金を投入してまで、「全件収容主義」を維持することが果たして国益に叶うのか、国民的議論が必要です。

7　ルールを課す者、課せられる者

「不法滞在は自己責任。ルールを破る外国人に、モノ申す資格はない」
「不法に滞在しているのだから、強制送還されるのは当然。自業自得」
「ゴネ得は許されるべきではない。法違反者は出て行け！」

収容や送還問題に関するトピックが取り上げられるたびにしばしば、このようなコメントを耳にします。

■「法の支配」と「人による支配」

ルールがある以上、それに違反する外国人には厳しく対応すべきだという主張は、それはそれでもっともな意見だと思います。実際、オーバーステイなどの不法残留や密入国などの不法入国には、「3年以下の懲役若しくは禁錮若しくは三百万円以下の罰金に処し、又はその懲役若しくは禁錮及び罰金を併科する」（入管法第70条）とされており、「不法滞在」は決して軽い罪ではありません。日本で暮らす大部分の外国人は、在留資格を持った正規滞在者であり、不法滞在者はほんの一握りです。不法滞在者に対して厳しい姿勢で臨むということは、日本で暮らす大部分の正規滞在者のためにも実は大切なことかもしれません。

ただ、日本には、ビザがない外国人は原則として強制送還されるというルールがある一方で、特別な事情があれば強制送還されずに在留が認められる在留特別許可や、難民認定というルールもあるわけです。

「法の支配」。これは統治される側だけでなく統治する権力の側も法によって拘束されるという立憲主義、民主主義の原理です。その対極は「人による支配」。法の支配のもとでは、それを課す者もルールを守らなければならず、ルール自体が恣意的で、運用が曖昧なら「人による支配」になってしまいます。「ルールを守って国際化」。この入管のキャッチフレーズは、ルールを課せられるもの（＝外国人）と、ルールを課すもの（＝入管）、双方に当てはまることなのです。


たとえば、制限速度時速40キロの見通しのよい直線道路を、たまたま50キロで走っていたおじさんが、ネズミ捕りに引っかかったとします。この道路では多くのドライバーが制限速度など守っておらず、大抵は60〜70キロで走行しています。捕まったおじさんは、「みんなスピード違反しているじゃないか。なんで俺だけ？　ふざけんじゃねぇ。罰金なんか払うもんか！」と逆ギレするかもしれません。

しかし、おそらく大半の人は、この逆ギレに理があるとは思わないでしょう。ルール違反はルール違反、おじさんはつべこべ言わず黙って罰金を支払うべきです。ゴネ得は許されません。

では、次のような場合はどうでしょうか。

同じ日に同じ場所で同じスピード違反で捕まった若い女性が、なぜかお咎めなしで、切符を切られずに放免されました。それを見たおじさんは、「なんで彼女はお咎めなしで、俺は罰金なんだ！」と抗議しました。すると警察官はこう言いました。

「そんなことにいちいち答える必要はない。他人は他人、あなたはあなた。彼女がどうであろうと、あなたがスピード違反したことは紛れもない事実。つべこべ言わず罰金を支払いなさい」と。

おじさんは「このお巡りさん、女性をひいきしている！　アンフェアだ！　自分は正当に扱われていない！」と思うでしょう。「はい。分かりました」と素直に罰金を払う気には到底なれないと思います。

「送還忌避者」の背景

オーバーステイも同じです。オーバーステイで捕まると、性別・年齢・国籍を問わず、基本的には強制送還されることになります。しかし、必ずしも全員が強制送還されるわけではなく、場合によっては在留特別許可がもらえるわけです。もらえる人もいれば、もらえない人もいるとなれば、在留特別許可がもらえなかった人は当然、「なんで？」と思うわけです。

もし入管が、「詳しい理由を申し述べる必要はない。諸般の事情を踏まえ総合的に考慮して判断したとしか申し上げられない」と言ったなら（少なくとも私が入管にいたころは、このような返答を繰り返していました）、それに納得する人がいったいどれだけいるでしょうか。もっとも、納得できないからといって、国家権力と闘っても勝ち目はありません。多くの外国人は、釈然としないものを抱えながらも、渋々入管の決定には従います。しかし、中にはこれに異を唱え、納得のいく説明があるまで、送還を拒む人もいるわけです。入管はこのような人たちを、非難の気持ちを込めて「送還忌避者」と呼びます。

しかし、この送還忌避者が出てくる背景には、「ほかの人には許されているものが、なぜ、自分には許されないのか」という根源的な問いに答えることができない、いや、答えようともしない「人による支配」にも似た入管手続の不透明さがあるわけで、単に「不法滞在は犯罪。犯罪者はとっとと日本から出て行け」というような安易な自己責任論で片づけられる問題でも、片づけてよい問題でもないのです。

8 「何かあったら……」の呪縛と「入管マインド」

2005年11月、広島市内で帰宅途中の小学校1年生の女子児童が、ペルー国籍の男性に強制わいせつ行為をされた上、殺害された事件は、世間を震撼させました。

この男性はペルー国内で、未成年者に対する3件以上の婦女暴行容疑で指名手配されていました。2004年4月に偽名で日本に入国し、19カ月後に事件を起こしています。

広島地裁、広島高裁、広島地裁（差し戻し）、最高裁、やり直し第二審の広島高裁と複雑な裁判経過をたどりますが、2010年7月一審判決どおり、無期懲役が確定しています。

■入管がしっかりチェックしていたら

「もし、この犯人が日本に入国さえしていなければ……」「偽造パスポートを見破っていれば……」。そう思うとやり切れないものがあります。遺族のことを思えばなおさらのことです。

当たり前のことですが、日本に来るすべての外国人が「善良」であるわけではなく、この犯人のようにとんでもないことをする外国人も中にはいるわけです。外国人が犯罪を起こすたびに、「入管は、なんでこんな外国人の入国を許したんだ！」とか「入管がもっとしっかりしていれば……」という声が必ず上がります。

もちろん、入管もその人物が違法なことをしようとしていると分かれば、入国を許すはずはありません。

ただ、そのような人たちは「実は私、これから悪いことをするんですよ」と言って入国するわけではは当然ありません。巧妙な偽造書類を揃えて入国しようとしたり、あるいは、入国当初は善良だったとしても、その後、日本での生活が合わなかったり、いろんなことがうまくいかなかったりして、犯罪に走る人たちもいます。

限られた人員と時間の中で、入管がその人物は犯罪を行う人なのか、いずれ犯罪を行う人になりそうなのか、判断するのは至難の業です。

もちろん、入管だって何もしていないわけでありません。たとえば、入管を辞める最後の半年間、私は羽田空港の「偽変造対策室」というセクションにいましたが、そこにはずらりと鑑識機材が揃えられ、偽変造パスポートなどをチェックしていました。情報ストックも多く、技術的にも決して低いレベルではなかったと思います。

しかし、それこそパスポートの様式は世界に何百種類とあり、ある偽変造を見破れば、より巧妙な偽変造パスポートが出回るといった「いたちごっこ」。すべての偽変造パスポートを見抜くことなどできないのです。

また、在留審査にしても、1年とか3年、あるいは5年に一度、ビザの更新があり、その都度、入管は審査をするわけですが、その際にその人物の「悪意」や「悪事」を見抜くことも、やはり至難の業なのです。

■「国益」と「人権」との板挟みの中で

「何かあったらどうするんだ」「ちゃんと責任取れるのか」

ある外国人の在留の可否判断を巡って上司と意見が対立した際、上司から言われた言葉です。

私は、その言葉に返す言葉が見つかりませんでした。そして、それはいまも見つかっていません。

その上司はとてもいい人でした。人望が厚く、有能で、常識的で、そして「責任感」のある、入管職員の鑑のような上司でした。

ただ、その言葉を聞き、自分の言葉に詰まってしまった時、私は、この上司もやはりつらいのではないのだろうか、とふと思いました。

板挟み――。入管職員は、裁量が大きい分、個人個人でいろいろなことを考え、判断・決断していかなければなりません。ある外国人の入国・在留の可否判断は「国益」と「人権」という2つの側面がどうしても関わってきます。ある外国人がある仕事に就けば、それまでその仕事に就いていたある日本人が仕事を失うかもしれない。仕事を得た外国人はその後家族を呼び寄せ、幸せに日本で暮らしていくかもしれないが、仕事を失った日本人は途方に暮れ、家族すら失うかもしれない。外国人にも人権があり、日本人にも人権がある。何が国益に叶い、何が国益に叶わないのか？

このような「国益」と「人権」との板挟みの中、入管職員は自問するのです。「何かあったらどうする？　自分はちゃんと責任を取れるのか」と。

■「疑ってかかる」能力

何かあった時の責任が取れない、取りたくない……。その心理は入管職員を疑り深くしていきます。外国人の入国や在留を認めなければ、少なくとも「何かあったら……」の呪縛からは解放される……。

かくして、入管職員は「疑ってかかる」能力を身に付けることからはじめます。ある外国人の在留審査を、あるいは在留特別許可や仮放免を、偏見なく真っさらな状態から審査・判断するのではなく、「疑いありき」から入るのです。

国際結婚をしている夫婦についてはまずは偽装結婚を疑い、就労している外国人については偽装就労を疑い、難民申請者については偽装難民を疑うのです。ウィシュマさんが盛んに体調不良を訴えても仮放免許可に向けたアピールと受け止め、誇張して体調不良を訴えているのではないかと疑い、結果として適切な治療が施されないまま彼女が亡くなってしまったのも、そうした入管独特の「疑り深さ」と決して無縁ではないはずです。

もっとも、偽装就労や偽装結婚が一定数存在すること自体は事実ですし、仮放免を得るために、実際より体調不良を誇張してアピールするケースもあると思います。こうしたことは刑務所などでもあると聞いています。入管行政に外国人管理、治安維持の側面がある以上、性善説ではダメで、ある種の疑り深さというものは、むしろ入管職員に不可欠な資質かもしれません。

ただ、疑り深さが行き過ぎてしまうと、入管が持つ強大な裁量権と相まって、外国人や難民申請者の人権や庇護よりも排除に力点が置かれ、その外国人にとって必要なのは何かよりも、粗を捜すようになってしまいます。

■「入管マインド」の呪縛

このような粗捜しにも似た組織的な不許可指向と排除の心理を、私は「入管マインド」と呼んでいます。それは暗黙の了解として空気のように存在し、ある種の行動規範になっています。もっとも、かくいう私自身も「入管マインド」にどっぷり浸かった一人でした。「何かあったら……」の呪縛、それに加えて、他人の人生を大きく左右するような大きな権力が背後にあると、まるで魔力のように、その力がどれほどのものか確かめたくなるのかもしれません。そして、それは治安の維持とか、国の安全といった大義名分の下、いつしか「正義」になっていたような気がします。

ただそうとはいえ、難民認定以外、正規滞在者の在留審査で「不許可」の処分がされることはほとんどありませんし、非正規滞在者に対する在留特別許可にしても、どんなに許可率が低くても半数以上には在特が付与されています。

こうした状況にもかかわらず、正規・非正規を問わず入管で審査を受ける多くの人が何とも言いようのない「不快感」を訴えるのは、自分たちが疑いの眼で見られ、あたかも入管が「許可をしてやっている」という上から目線の露骨な空気がそこに漂っていると感じるからではないでしょうか。

入管に漂う入管マインドは、来庁者だけではなく、そこで働く職員の感情をも支配していきます。個々の考えはいろいろあったとしても、入管職員である以上はそこに漂う空気を読まねばなりません。空気を乱すことは、協調性がない行為とされ、ひいては自分に対するマイナス評価につながります。入管職員である以上、そこから逃れることはできないのです。

第3章　漂流する入管行政・翻弄される外国人

1　「不法滞在者5年半減計画」の功罪

２００４年から08年までの5年間、オーバーステイなど在留資格を持たないいわゆる「不法滞在者」を半減させようという「不法滞在者5年半減計画」が実施されました。これは、03年12月に犯罪対策閣僚会議が策定した「犯罪に強い社会の実現のための行動計画」において定められたもので、この半減計画の目標達成は、入管にとっては至上命題でした。

■「不法滞在者5年半減計画」という名の「在特祭り」

その効果のほどを先に言うと、２００４年1月に約22万人いたとされた「不法残留者」（オーバーステイの外国人）は5年後の２００９年1月には約11万３０００人と48・5％減少、また、推定約3万人いたとされる「不法入国者」（偽造パスポートなどで入国した外国人）も

1万5000~2万3000人に減ったとされ、「国民が安心して暮らせる社会の実現に貢献した」と入管は胸を張りました。

入管が発表した「不法滞在者5年半減計画の実施結果について」(2009年2月17日付)によれば、不法滞在者を日本に「来させない」「入らせない」「居させない」という3つの施策を柱として、厳格な上陸審査の実施、摘発の推進、出国命令制度の実施などが功を奏したものとされています。

たしかに、そうした一面もありましたが、「不法滞在者5年半減計画」がほぼ目標に達した最大の要因は、実は、在留特別許可の積極的な付与、つまり、「不法滞在者」(=非正規滞在者)に在留資格を付与して、正規滞在者にしたことによるものでした。

私が横浜入管の審判部門にはじめて異動した2006年は、まさに「不法滞在者5年半減計画」の真っ只中でした。在留特別許可はいまとは比べ物にならないくらい、柔軟かつ積極的に運用されていました。日本人や正規滞在者と結婚していれば、よほどのことがない限り在留特別許可が下りていましたし、違反審査や口頭審理も簡易どころか、ほとんど形式的なもので、1日に何件もの在留特別許可が出されていました。

とにかく在特を出せるものは、出す。1人でも多くの非正規滞在者を正規滞在者にして、数字上の「不法滞在者」を減らす。何が何でもノルマを達成する。この5年の間、入管はある意味、一枚岩になっていたかもしれません。そして、当時、職員たちはこの状況をこう呼んでいました。「在特祭り」。

２００４年から08年までの５年間で出された在留特別許可の件数は４万９３４３件にもなりました。半減計画で減った非正規滞在者の数は約10万６０００人ですから、半数近くが在留特別許可の積極的な付与によるものなのです（資料①参照）。これに04年12月から導入された出国命令制度（一定の要件を満たす非正規在留者が自主的に出頭すれば収容されずに帰国でき、通常５年の再入国の禁止期間が１年に短縮されるという制度）を利用して５年の間で帰国した延べ４万２１９９人を合わせると、実に９万人以上、割合にして86・３％が在特による正規化、もしくは出国命令による出国で占められていたわけです（資料②参照）。

つまり半減計画がほぼ目標どおり達成できた要因は、在特の積極的な付与と、帰国へのインセンティブを持たせた出国命令制度という２つのソフト戦略だったわけですが、これは外国人政策が、北風政策よりも、太陽政策の方がより大きな効果を発揮するという実例なのかもしれません。

■半減計画の裏側

もっとも、それが「いいこと」だったのかどうかは別問題です。実際、横浜入管の審判部門で「在特祭り」に携わっていた時には、ビザをもらったらすぐに離婚するのでは？　と思われる他人のようによそよそしいカップルや、結婚さえしていればビザがもらえるということで、

資料①　在留特別許可の許可件数、在特率

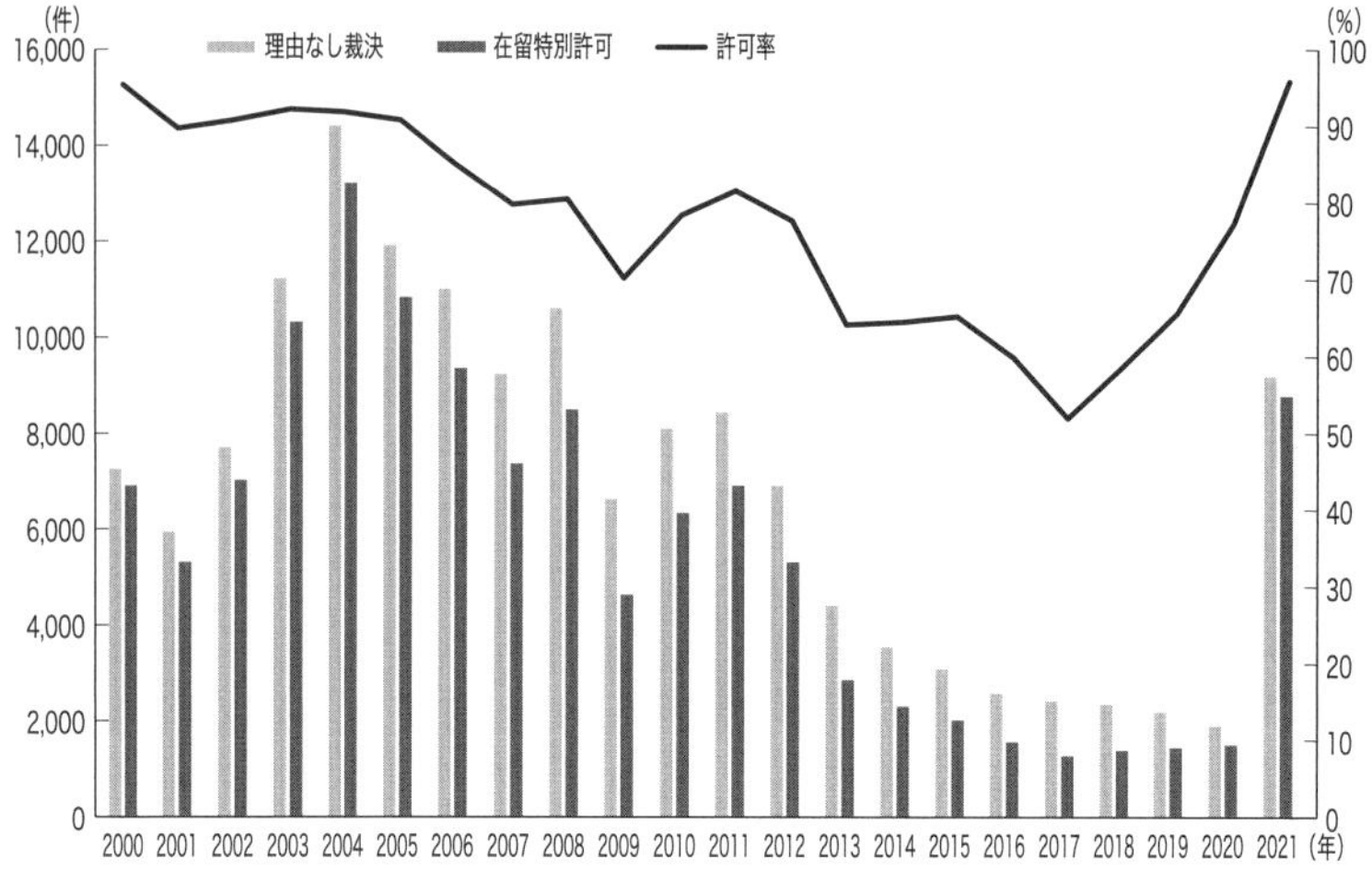

（法務省資料を基に筆者作成）

資料②　出国命令の推移

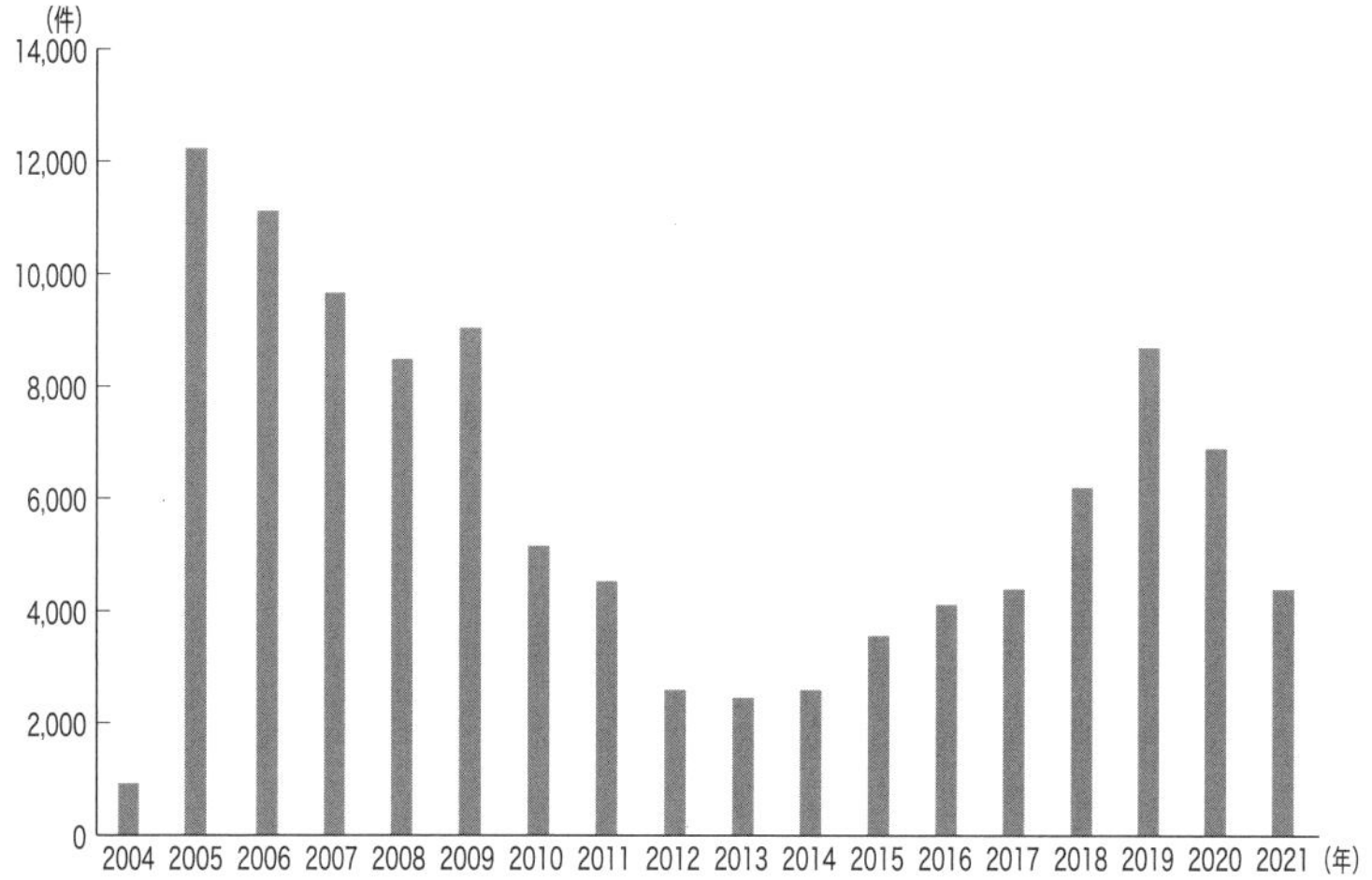

（法務省資料を基に筆者作成）

正規のルートで結婚ビザを取ろうとせず、敢えてオーバーステイとなって在特をもらおうとするカップル、それを指南するブローカーなどがいたのも事実です。ちなみに、当時、入管は在特に関しては積極的に付与する一方で、上陸審査や在留審査は厳格方向に舵を切っていました。そのため、入国に先立ち事前に在留資格の内容をチェックする「在留資格認定証明書交付申請」を何回繰り返しても結婚ビザがおりず、やむなく観光客として入国し、あえてオーバーステイとなってから、結婚ビザを求めて入管に出頭申告する人たちもいました。つまり、半減計画の5年間は、正面切ってはなかなか結婚ビザがもらえない反面、不法残留者となって出頭すれば、在特というかたちで容易に結婚ビザをもらえるというおかしな時代でもあったのです。

とはいえ、在特に関してだけいえば、半減計画中の5年間は、入管が一定の方向を向き、透明性のある判断が行われていた時期であったということは言えると思います。しかし、「在特祭り」が終わった途端、入管は待っていましたとばかり、在特を出さないようになっていきました。

祭りの後

「不法滞在者5年半減計画」という名の「在特祭り」は、2004年から08年までの5年間で、約5万人の非正規滞在者を在留特別許可の付与という形で正規化し、「国民が安心して暮

資料③　在特５年ごとの推移

年	理由なし裁決	在留特別許可	許可率
04〜08年	57,190	49,343	86.28%
09〜13年	34,492	26,057	75.55%
14〜18年	13,988	8,492	60.71%

（法務省資料を基に筆者作成）

らせる社会の実現に貢献した」という総括で終わりました。祭りの後、入管が行ったことは、それまでの反動のような在特の厳格化でした。私がそれを実感するのは16年に再び横浜入管の審判部門に戻ってからで、以前なら当たり前のように在留特別許可が出ていたケースでも、在特が出されなくなっていたのです。

不法滞在者5年半減計画の期間中であった２００４年から08年までの５年間の在特件数は４万９３４３人で在特率（退去強制手続の中で在留特別許可を希望し、希望通りに在特が出た割合）は86・３％でした。ところが、半減計画が終わった09年から13年までの５年間の在特件数は２万６０５７人で、在特率は75・６％。さらにその後の14年から18年までの５年間の在特件数は８４９２人で、在特率は60・７％にまで低下しています（資料③参照）。

もっとも、不法滞在者5年半減計画のスタート当初、22万人いた「不法滞在者」は、5年後には11・4万人まで減少し、「不法滞在者」の人数そのものが減少しているので、在特件数が減るのは理解できます。しかし、在特率がこれほどまでに低下するのは、いったいどうしてでしょう。

入管の実務書である『入管法大全』には、次のような記載があります。

「政権が変われば、その外国人政策の変更により、法務大臣としては、それまで在留特別許可を認めた事例について、在留特別許可を認めなくなることもあるし、逆に、それまで在留特別許可を認めなかった事例について、在留特別許可を認める方針を採用することもありうる。自らの判断に先例拘束性を認めないことが政治的裁量の政治的裁量たる所以である。その意味で、平等原則を適用することには限界がある。」（多賀谷一照・髙宅茂著、日本加除出版『入管法大全』４７５ページ）

ちなみに著者の一人、髙宅茂氏は元法務省入国管理局長ですが、これはあくまでも実務書の解説であって、著者の思想や主義主張を表すものではありません。入管が持つ強大な裁量権を突き詰めてゆけば、確かに、この実務書のとおり、在特は法務大臣（＝入管）の胸三寸による政治的裁量にほかならず、これまで認められていたものが認められなくなったり、あるいは、その逆があったりするのは当たり前、在特には平等原則もへったくれもないということになるのかもしれません。

しかし、だからといって、同じようなケースであっても、ある時期には在留特別許可が出て、ある時期には出ない、あるいは、ある地方入管では出て、別のある地方入管では出ない、これを「政治的裁量」だから受け入れろ、平等原則には限界がある、と言って「はい、分かりました」と納得する外国人が果たしてどのくらいいるでしょうか。もっとも、非正規滞在者に対して厳しい姿勢で臨むということ自体は否定されるべきではないでしょう。ただ、その時々で異なる扱いが入管のさじ加減ひとつで容易にできてしまうこと、在特の問題の根幹は、まさにそこにあると思います。

■政治と在特

不法滞在者5年半減計画が終了し、入管が一気に在特を出さないようになったのと時を同じくして、全国の入管収容施設でハンガーストライキが頻発していきます。また、東京、名古屋、大阪では、仮放免となった人たちが「仮放免者の会」を結成するなど外国人たちは結束しはじめたといいます。

このような動きに直面して、入管も考え直さざるを得なかったのか、2009年には70%まで落ち込んだ在特率は、10年には78%、11年には82%まで上昇しました。しかし、その後、再び在特率は低下し続け、2017年には52%にまで落ち込み、在特件数も1255人と半減計画初年だった2004年の1万3239人の1割以下にまでなっています。

たしかに、このような在特率の変動や在特件数の極端な減少は、在留特別許可が政治的裁量によるものであるからとしか説明できないかもしれません。

ちなみに、2000年代はじめの小泉政権下では、在特率は、おおむね9割を超える高い水準を保っていました。不法滞在者5年半減計画も小泉政権下で導入されたもので、この期間中、小泉、安倍（第一次）、福田、麻生政権と内閣が代わります。半減計画の終了後、在特率が70％まで落ち込んだ２００９年の９月、民主党政権が誕生しました。

２００９年から12年までの民主党政権下では在特率は８割程度に上昇し、最後の12年には約77％でした。その後の第２次安倍政権下では在特率は急激に低下していき、13年には約64％と前年比13％の減少を記録し、その後約７年に及ぶ安倍政権下で在特率が７割台に戻ることはなく、第２次安倍政権においては在特率５割台から６割台でした。

もっとも、在留特別許可を出す政権がよい政権で、出さない政権が悪い政権というつもりは毛頭ありません。在特と政権の関係性は数値を単純に比較するだけでは見えてきませんし、小泉政権下では在特率は９割もあったことに鑑みれば、一概に自民党政権が在特に厳しく、民主党政権が積極的だったとも言えないでしょう。また、２０２１年にはコロナ禍の影響があるにせよ、前年比約６倍の８７９３人に在特が付与され、在特率も96％に達しています。

ただ、外国人にとってみれば、為政者が誰であろうとも、自分たちをフェアに扱ってほしいと願うのは当然です。ある時期には在特が出て、ある時期には出ない、ある入管では許可が出て、ある入管では出ない、ある人には出て、ある人には出ない。これを、政治的裁量の政治的裁量たる所以であると言い切ってしまう。平等原則や比例原則を適用することには限界があると開き直ってしまう。こうした入管の姿勢や実務解釈こそが、入管に対する外国人の不信感をますます助長し、両者の間に埋めがたい溝を作ってしまうのではないか、そう思えてなりません。

2　東京五輪とテロ対策、水際対策の強化

滝川クリステルさんの「お・も・て・な・し」が功を奏したのかどうかは分かりませんが、2013年の大会招致で、2020年のオリンピック・パラリンピック開催地が東京に決定しました。ただ、一部の外国人たちにとっては、それは「おもてなし」とは程遠いものでした。

■オリンピックとテロ対策

実際の東京大会は新型コロナウイルスの世界的パンデミックの影響で、2021年に延期され、無観客での開催になりましたが、本来ならば、海外から多くの選手、関係者、そして観客がやってくるこの巨大イベントは、常にテロの脅威にもさらされてきました。1972年のミュンヘン大会で、パレスチナの武装組織「黒い9月」がイスラエル人選手などを人質に取り、銃撃戦の末、選手など17人の犠牲者を出したテロ事件はあまりにも有名です。

五輪招致が決定した直後の2013年12月10日、政府は「『世界一安全な日本』創造戦略について」を閣議決定します。そこには、不法入国者の阻止や厳格かつ効果的な入国審査などといった水際対策の強化とともに、偽装滞在者の縮減、退去強制が決定された人物についての「確実な送還の実施」が列挙されていました。

テロ対策として、入国審査などを厳格に実施するという水際対策の強化は分かります。テロリストとおぼしき人物の入国を水際で阻止するというのは当然です。ただ、水際対策に加えて「退去強制が決定された者の確実な送還の実施」を盛り込んだのは、いったいなぜでしょう。

そもそも強制送還を拒んでいるいわゆる「送還忌避者」の大半は、長年日本に滞在している人たちです。そういう人たちが、五輪を標的にして突如、テロリストに豹変するとは考えづらいことです。にもかかわらず「退去強制が決定された者」の「確実な送還の実施」を列挙したのは、テロ対策を口実にそれまで滞っていた送還忌避者の送還を一気に進めたいという入管の思惑が見てとれます。

そもそも、なぜ送還が滞るようになったのか？

２０１０年3月、成田空港で国費送還中のガーナ人男性が激しく抵抗し、入管職員によってタオルで猿ぐつわをされたり、体を押さえ付けられたりといった制圧を受けた直後、死亡するという事件が起きました。死亡した男性の日本人妻ら遺族は千葉県警に告発、東京入管の職員10名が特別公務員暴行陵虐致死の疑いで千葉地検に書類送検されました。これを機に、入管は国費送還を控えるようになったのです。

ちなみに、送還には、送還費用を国が負担する「国費送還」と、当人が運賃を出して自主的に出国する「自費出国」がありますが、国費送還を控えるとなると、自費出国しない限り送還が進まないということになります。送還が進まないということは、その分、収容者が増加していくことを意味します。収容施設のキャパシティーには限りがありますから、収容が半年、1年と長期になると、仮放免をせざるを得ない状況になります。中には日本に在留するさしたる事情もないのに、送還を拒み続け、仮放免を待つような人たちも出てきます。「強制送還できるものならやってみろ」と開き直ったり、入管職員の指示をまったく聞かなかったりする人も出てきます。

ガーナ人男性の送還死亡事件から2年半ほどたった2012年7月、千葉地検は、職員の制圧行動と死亡との間に因果関係は認められないとして、入管職員全員を不起訴処分にしています。この地検の決定を受けて入管は、待ってましたとばかりに、その年の11月30日から国費送還を再開しています。12月にはチャーター機による集団国費送還の実施を決定し、翌年7月にはフィリピンに向けて初のチャーター機による集団送還（男性54人、女性13人、子ども8人）が行われています。

ただ、ガーナ人男性の死亡事件は、刑事事件としては不起訴となったものの、国賠訴訟では2014年3月、東京地裁は国に500万円の支払いを命じています。この判決は、16年の高裁で逆転し、そのまま最高裁で確定しましたが、入管にしてみれば、まだ事件の影を引きずっていて大っぴらに国費送還できる状況ではなかったのです。

■「被退令仮放免者」の増加

こうした状況の中、退去強制令書が出ているにもかかわらず仮放免許可を受けている「被退令仮放免者」の数は増え続けていきました（資料④、⑤参照）。このような状況を入管は「退去強制制度の崩壊である」と危惧していました。もっとも、仮放免を許可しているのはほかならぬ入管自身ですので、仮放免の運用を厳格化するという方針に舵を切るには何らかの口実が必要でした。それがまさに東京五輪の開催だったわけです。

ガーナ人男性の国家賠償請求訴訟の原告逆転敗訴が確定した2016年以降、入管は「安心・安全な社会の実現」というスローガンのもと、仮放免の運用を一気に厳格化させていきました。このような突然の方針転換は、これまで仮放免されてきたものが、突然、認められなくなったという不公平感を外国人に植え付け、さらなる反発を招きました。

3　集団ハンガーストライキの発生と大村収容所餓死事件

仮放免の厳格化への方針転換の結果、収容者が増加、収容期間が長期化していきます。2019年5月、仮放免を求めて2人の収容者が牛久入管でハンガーストライキをはじめたのを皮切りに、ハンガーストライキは瞬く間に各地の入管に伝播していきました。この集団ハンガーストの最中、大村収容所でナイジェリア人男性が餓死するという衝撃的な事件が起こります。

資料④　被退令仮放免者総数推移

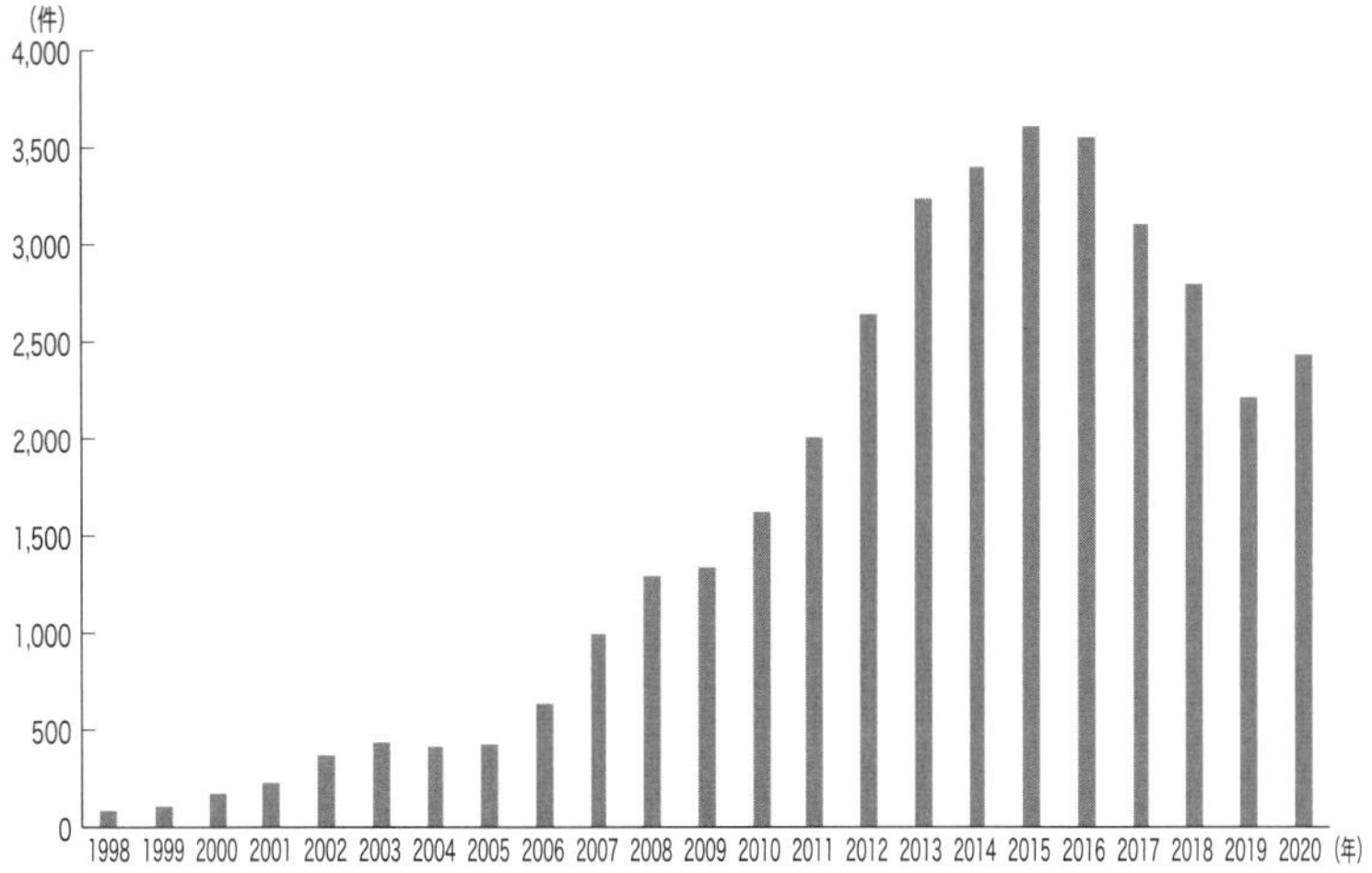

(入管庁資料・福島瑞穂事務所の資料を基に筆者作成)

資料⑤　送還忌避者の推移

	2008	2009	2010	2011	2012	2013	2014	2015	2016	2017	2018	2019	2020
退去を拒んでいる被収容者（※1）	169	244	157	154	353	263	290	290	313	576	681	649	248
退去強制令書の発付を受けて仮放免された後、逃亡して仮放免を取り消されて手配中の者(※2)	48	60	72	83	60	69	96	112	170	276	328	362	415
合計	1,506	1,640	1,847	2,239	3,058	3,567	3,790	4,008	4,038	3,958	3,510	3,228	3,103

※1：集計方法変遷あり。2008年から2013年までは、入管収容施設のうち入国者収容所に収容中の者であって退去強制令書に基づく収容期間が6月以上のものを計上。
2019年及び2020年は、収容期間にかかわらずすべての入管収容施設に収容している被収容者であって、退去強制令書発付後に本邦からの退去を拒んでいる被収容者を計上。
※2：集計方法変遷あり。平成20年から2019年までは、退去強制令書発付仮放免許可を受けている者の総数を計上。
2020年は、退去強制令書発付後仮放免許可を受けている者のうち、帰国希望者を除いたものを計上。

(福島瑞穂事務所の資料請求に対する入管庁の回答)

ナイジェリア人男性餓死事件

２０１９年６月24日、大村入国管理センター（長崎県大村市、通称「大村収容所」）に収容されていたナイジェリア人男性が死亡しました。死因は「餓死」でした。死亡した男性は、サニーさんと呼ばれており、入管庁による調査報告書（２０１９年10月１日付）によれば、日本人女性と結婚していたため、彼はもともとは「日本人の配偶者等」の在留資格を持って正規滞在者として日本で暮らしていました。

２００８年５月、サニーさんは薬物関係の法令違反で逮捕され、執行猶予付きの判決を受けています。入管法では薬物関係の法令違反は退去強制の事由に当たりますが、日本人と結婚し、妻との間に子どもがいるサニーさんには在留特別許可が認められました。

ところが３年後、今度は窃盗事件を起こし、実刑判決を受けて服役しました。２０１５年11月に刑務所を仮釈放されるとそのまま入管に身柄を移され、12月には、退去強制手続の結果、在特が認められず、退去強制令書が出されました。その頃、サニーさんは離婚していて、子どもの親権は妻側が持っていましたが、子どもと別れることができないことを理由に彼は送還を拒みました。

長年、大村収容所で面会活動を続けている長崎インターナショナル教会（当時）の柚之原寛史牧師によると、サニーさんは大変な子煩悩で、子どもも父親を慕っていたようです。サニーさんは窃盗事件で実刑に処せられていることから、いったん強制送還されてしまうと、基本的にはもう、日本に再入国することはできません。そうなると一生、離れ離れになることを覚悟しなければなりません。「子どものためにも自ら帰国することを選ぶことはできません」。生前、彼はそう言っていたそうです。

■入管法改正議論につながっていったサニーさんの餓死

収容されてから餓死するまでの3年7カ月の間、サニーさんは4回仮放免の申請を行いましたが認められず、一度も収容所から出ることなく死亡しています。入管の調査報告書によれば、ハンストを止めるように説得する職員に対して、「10年間自由がありません（刑務所と入管収容所に延べ約10年間収容された）。仮放免でも強制送還でもいいので、ここから出してください」と訴えています。

報告書によると、もともと71キロあった体重は46・6キロ、34％以上も体重が減少していて、死亡原因はハンガーストライキによる餓死とされました。先進国といわれる日本の入管施設での餓死。この衝撃的なニュースは国内外のマスメディアで大きく取り上げられました。この事件を契機に法務大臣の私的諮問機関である「第7次出入国管理政策懇談会」に「収容・送還に関する専門部会」が設置され、入管法の改正議論につながっていきます。

入管施設での集団ハンガーストライキの発生、サニーさんの餓死事件は、これまでほとんど

資料⑥　送還忌避者の実態について

> 令和元年12月末現在、退去強制令書の発付を受け、収容中の者は942人、仮放免中の者は2217人となっている。
>
> 被収容者のうち送還を忌避する者は649人（69%）おり、これらの者は、入管法の定める慎重な手続による審査を経て、退去強制事由に該当すると判断され、かつ、特別に在留を許可すべき事情がないため在留特別許可が付与されずに退去強制処分を受けた者であり、もはや退去強制手続において採り得る手段はなく、速やかに送還することが求められているにもかかわらず、法律上又は事実上の作為・不作為により日本からの退去を拒んでいる被収容者である。

（入管ホームページより）

その実態が知らされていなかった入管の「闇」に光を当て、多くの人たちが入管という組織に関心を向けるようになっていきました。

■「送還忌避者」とは誰か

大村収容所で餓死したサニーさんは、入管の言うところのいわゆる「送還忌避者」でした。「送還忌避者（送還忌避被収容者）」について、入管は次のように説明しています。

「入管法の定める慎重な手続による審査を経て、退去強制事由に該当すると判断され、かつ、特別に在留を許可すべき事情がないため在留特別許可が付与されずに退去強制処分を受けた者であり……法律上又は事実上の作為・不作為により日本からの退去を拒んでいる被収容者である。」（２０２０年３月27日付「送還忌避者の実態について」）（資料⑥参照）。

サニーさんも、在留特別許可が認められず、退去強制令書が発付されていましたが、彼が送還を拒んでいたのかというと、そうではありませんでした。「子どものためにも自ら帰国することを選ぶことはできません」と述べる一方で、「仮放免でも強制送還でもいいので、ここから出してください」（入管報告書による）と訴えています。強制送還でもいいので、収容所から出してくれ、ただし、自分の口から自主的に帰国すると言うことはできない、そういうふうに言っているわけで、送還自体を忌避したわけではなかったのです。

■国費送還と自費出国、原則と例外の逆転

「強制送還でもいいので、収容所から出してくれ」と主張したサニーさんがなぜ収容所で餓死することになってしまったのか？　入管法上、送還の義務は入国警備官（＝国側）に課せられており（入管法第52条）、本来、外国人側の事情（自費出国の費用が用意できないなど）で送還の措置が左右されることはありません。「退去強制」という言葉通り本人の意思にかかわらず、「国費送還」を原則に退去を強制するのが送還の本質だからです。

サニーさんにしても、退去強制令書が出されている以上、彼の意思にかかわりなく入管は「速やかに送還しなければならない」（入管法第52条第3項）はずです。にもかかわらず、送還の義務を負う入管が「自ら帰国すると言い出さない限り収容を解かない」というのであれば、本人が自主的に出国すると申し出なければ永久的に身柄拘束がされることになります。

もっとも、大多数の人たちは退去強制令書が発付されると、自主的に、自費で本国に帰国していきますし、私もサニーさんを収容すべきではなかったとか、在留特別許可を出すべきだったとか、そういうことを言いたいわけではありません。

しかし、国費送還と自費出国の原則と例外が逆転し、自主的な帰国を申し出ない人に対しては、「送還忌避者」というレッテルを貼って本人が我慢しきれなくなるまで収容を継続して「自主的な帰国」を無理強いする。果たしてこの強権的なやり方が、当事者にとっても入管にとっても合理的なことなのか、民主国家にふさわしいものなのか、冷静に考える必要があります。

4　長期収容問題と仮放免

入管法上、収容期間には上限がありません。そのため、理屈の上では、本人が帰国しない以上、入管は死ぬまで収容し続けることも可能です。

ただし、仮放免が許可されると、一時的に収容を解かれ、外で暮らすことができます。大村収容所で亡くなったサニーさんは4回ほど仮放免の申請を行いましたが、4回とも不許可でした。名古屋入管で亡くなったウィシュマさんは、1回目の仮放免申請は不許可、2回目の仮放免申請中に亡くなっています。

■外国人も職員も追い詰める長期収容

東京五輪の招致決定を口実に2016年頃から、仮放免の運用は一転して厳しくなりますが、外国人側からしてみれば、五輪があろうとなかろうと、人の価値や人権を保障する程度、「人道上」の配慮は同じだろうと思うのは当然です。さしたる理由も説明されず、納得がいかないまま収容が長引けば長引くほど、収容されている人たちのストレスは溜まり、その矛先は現場の職員に向かっていくのです。

仮放免を認めず、かといって強制的に送還することもすることもせず、まるで自白の強要さながらに、「分かりました。国に帰ります」と音を上げるのをじっと待つこの冷酷さを最もやるせなく感じているのは、実は現場で働く入管職員たちかもしれません。

聞くところによれば、サニーさんが亡くなった時、大村収容所のある職員は涙を流して悔しがったそうです。ウィシュマさんが亡くなった時も、名古屋入管の女性職員らが物陰に隠れて泣いていたと聞きます。きっとその職員らも、自分たちではいかんともしがたい入管収容の現状に、臍を噛む思いだったのでしょう。

私は入国審査官でしたが、横浜入管の審判部門にいた時、入国警備官たちと接して感じたことは、身近で収容者と接している警備官たちの職務の過酷さと苦悩でした。警備官も好き好んで外国人を収容しているわけでも、送還業務をしているわけでもありません。収容令書の発付から在特の可否判断、退去強制令書の発付など、収容から送還に至るまでの判断プロセスに直接関与するのは基本的には入国審査官であり、入国警備官ではないのです。仮放免も最終判断をするのは主任審査官という入国審査官であって、現場の警備官の判断で仮放免を自由に決められるわけでもなく、ただ与えられた職務を誠実にこなしているだけなのです。にもかかわらず、収容者の不満や怒りは現場の警備官に向けられ、時に口汚い言葉で罵られ、脅迫めいた言葉を投げつけられる……。

2020年6月に「収容・送還に関する専門部会」がまとめた提言の一つに、次のようなものがあります。

「心身の負担から離職する入管職員が少なくない現状を再検討し、職員と被収容者がより円満な関係を構築できる環境を整備すること。」

長期収容は被収容者のみならず現場で働く職員をも苦しめているのです。

■ハンガーストライキと「2週間仮放免」

大村収容所でサニーさんが死亡した後、牛久入管でハンストをしていたイラン人男性が体調悪化を理由に仮放免されたことをきっかけに、ハンストの波はさらに拡散していきました

（2019年10月1日付、毎日新聞デジタル）。

知り合いの弁護士の話では、食事を摂らないことで体調を崩す人が続出し、入管当局と収容者との間の関係が悪化していったそうです。そのような中、入管当局が採った方針は、2週間だけ仮放免をして、2週間後にふたたび収容するといういわゆる「2週間仮放免」という手法でした。

通常は、仮放免された場合、1～3カ月に1度入管に出頭し、特に問題がなければ仮放免許可は延長されます。しかし、この「2週間仮放免」の場合は、2週間後には再収容されることが分かっているのですから、仮放免中に逃亡する人も出てきました。しかし、多くの人たちは、再収容されることを覚悟の上で指定された日に入管に出頭し、再び収容されたといいます。再収容され、再びハンストを開始する人もいたそうですが、多くの人たちはもう疲れ果て、ハンストをする気力は残っていませんでした。

このいわゆる「2週間仮放免」は、ハンストをしようがどうしようが、自分から帰国すると言い出さない限り、たとえ一瞬、しゃばの空気を吸わせても、決して収容を解くつもりはないという入管当局の強いメッセージとして多くの収容者たちを屈服させていきました。

支援者らからは抗議の声が上がりましたが、翻意して帰国する人も多く、外国人側にとってはあきらめと絶望の中で、入管側としては強権的運用による一つの成果の現れとして、ハンガーストライキは終息に向かっていきました。

「まるで、水中で溺れている人に一瞬だけ空気を吸わせて、また水に沈ませるようなやり方」（2019年11月12日付、毎日新聞デジタルに載った支援者の言）で、入管は一時的にはハンストを抑え込み、「送還忌避者」を帰国させるのに成功したかもしれません。しかし、この2週間仮放免は、一部の収容者の気持ちをさらに逆撫でし、入管側と外国人側との間に埋めがたい亀裂を残したのでした。

もっとも、2020年以降、コロナ禍における感染予防の見地から仮放免許可を拡大し、収容者の数は減少していて、かつては1000～1300人程度いた収容者も、2021年11月15日の時点で134人まで減少しています（入管庁データによる）。しかし、これはあくまでも感染対策のためであって、新型コロナウイルス感染症の位置付けが、それまでの「新型インフルエンザ等感染症（いわゆる2類相当）」から「5類感染症」に引き下げられ、入管としては、もう「感染対策」を理由として仮放免許可をするのは難しい状況となってきました。今後、仮放免者を再収容するのか、それともこのまま仮放免を続けるのか、いったい入管はどちらに舵を切ろうとしているのでしょうか。おそらく、当の入管自身、分からないのだと思います。法改正により新たに導入された監理措置を活用したいという思惑もあるのかもしれませんが、後で触れるとおり、監理措置自体が機能しない可能性があります。

誰も何も分からないまま、入管行政は漂流し、外国人は翻弄される。もうそろそろ、このような場当たり的行政に終止符を打たなければ、入管への信頼は損なわれ続けるのではないか。

そう思えてなりません。

5　ある家族の物語①【別離】

入管を辞めてから約半年後の2019年の秋、私はある女性と出会いました。

「夫が牛久の入管に収容されていて、もう3年と6カ月になります」と彼女はためらいがちに言いました。「でも、夫は悪いことは何もしていない。悪いことをしたのは、実はこの私なんです。それなのに彼は収容され、私は仮放免されている……」

これは、ある中国人一家にまつわるささやかな実話です。

その中国人一家は3人家族。差し当たり父親のことを張三氏、母親のことを小紅さん、一人娘のことをあいちゃんと呼ぶことにします（いずれも仮名）。

一家3人は永住者の資格を持って郊外のマンションで暮らしていました。決して広くはないけれど、3人で暮らすのは十分な広さで、30年ローンを組んでようやく手に入れたマンション。張三氏は都内の会社に勤めていて、職場での信頼も厚く、小紅さんはパート勤め、あいちゃんは日本で生まれ、日本で育ったジャニーズ大好き少女。どこから見ても幸せな家族。

しかし、一家には秘密がありました。

実は小紅さんはかつて日本でオーバーステイしていたことがあり、それを隠すため偽名を使って日本に入国。つまり、彼女の名前は本当の名前ではなかったのです。そして、張三氏も小紅さんが本当の名前でないことを知りつつ彼女と結婚をしました。

あいちゃんが成長するにつれ、母親である小紅さんの心は痛みました。娘が学校からもらってくるプリントの保護者欄に書くのはいつも偽りの名前。愛する娘に自分の本当の名前を言えないという苦痛。娘には日ごろから嘘をつくのはいけないことだと口を酸っぱくして言っているけれど、そういう自分が嘘をつき続けているのです。

嘘をつき続けることはできる。自分から言わない限りは……。でも、果たしてそれでいいのか。夫婦は悩みました。

あいちゃんが小学校3年生の時、夫婦は思い切って入管に行き、小紅さんの名前が偽名であるということを打ち明けました。入管の説明によると、偽名を使って入国した小紅さんは不法入国、偽名を知りつつ小紅さんと結婚した張三氏は不法入国の幇助に当たり、最悪の場合、2人とも強制送還になるということでした。

しかし、その後も、2人は収容されることもなく、普段どおりの生活を送ることができていましたし、何より自分たちから「自首」しているので、永住許可が取り消されるのは仕方がないにしても、まさか強制送還までされることはないだろう、在留特別許可がもらえるだろう、と2人は思っていました。

しかし、それは甘い考えでした。

入管に出頭してから1年が過ぎようとしていたある日、2人は入管に呼び出されました。そして、担当官から淡々と、在留特別許可は与えられず、2人に退去強制令書が出されたことを告げられました。張三氏はその場で収容され、小紅さんにはその場で新たな仮放免許可が与えられました。

「悪いのは自分です。収容するならどうか自分を収容してください。夫を収容しないでください」と小紅さんは必死に懇願しました。しかし、聞き入れてはもらえませんでした。その後、娘のあいちゃんの永住許可も取り消され、一家全員が日本からの退去を迫られることになりました。

日本で生まれ日本で育ったあいちゃんは、学校には友だちだってたくさんいます。何より本人がずっと日本で暮らしたいと望んでおり、そんな娘に対して、ごめん、中国に帰ろうね、とは言えませんでした。それに名前を偽って日本で暮らしている中国人は実はほかにもたくさんいるのです。なのに、どうして自分たちだけが……。納得できず、送還に応じることなどできませんでした。しかし、入管は一家全員で速やかに帰国せよとの一点張りで、張三氏の仮放免の申請もことごとく不許可になりました。入管にとって、彼らはまさしく「送還忌避者」そのものだったのです。

小紅さんは言います。

「自分のせいで、夫が収容され続けているという罪悪感がずっと私を苦しめました。しかも、夫の苦しみは自分以上のものであると思うと、ますます胸が苦しくなるのです。無駄なことだと分かっていても、お願いだから、自分を収容してください、と、入管職員にも自分自身の心にも何回も叫びました。そうしないと、おかしくなってしまいそうだから」

夫を人質に、妻に罪悪感を植え付け、自分たちから帰ると言い出すように追い詰めていく。この精神的拷問は、小紅さんを確実に追い込んでいきました。また、母としての責任感が彼女をますます追い詰め苦しませていきました。

「娘さえいなければ、もちろんすぐにでも夫と2人で中国に帰国したでしょう。でも、娘の日常を奪うことは、私たちにはできなかった。娘を連れて帰るということは、もう一つ罪を重ねることだから」

一家は、入管問題に熱心に取り組んでいる弁護士を通じて、在留特別許可を求める訴訟を提起しました。公判が進む中、さすがに裁判官もこの案件には同情したのか、裁判所のとりなしによって、もしあいちゃんの面倒を見てくれるような人や寄宿舎のある学校を探すことができたのであれば、あいちゃんに関しては在留特別許可を検討しようということになりました。ただ、在特を検討するのはあくまでもあいちゃんだけで、夫婦に関しては入管はがんとして強制送還を譲りませんでした。娘の在留特別許可と引き換えに、夫婦は退去強制に応じること、これが入管の出した条件でした。

一家は決断を迫られました。

入管に真実を話しに行った際、まだ小学校低学年だったあいちゃんは、すでに中学生になっていました。多感な時期です。父親が収容されているという現実が中学生の彼女を苦しめなかったはずはありません。また、仮放免中、母親の小紅さんは働くことができず、生活はギリギリ、欲しいものを買ってあげることもできませんでした。そのうえ、これ以上入管と争っても勝ち目はないどころか、入管の心証を損ねて、再び娘も連れて3人で中国に帰れと言われてしまうかもしれません。これ以上、娘を苦しめるわけにはいかない。夫婦は娘のあいちゃんを残して、帰国する決心をしました。

あいちゃんを受け入れてもよいという寮のある中学校がようやく見つかったのは、2019年の暮れ。そして、入学の目途が立った2020年の春先に、ようやく張三氏の仮放免が許可されました。約4年にも及ぶ収容生活。その間、張三氏が娘のあいちゃんと面会したのは、わずか2回だったそうです。「もちろん娘に会いたくないはずがありません。でも、こんなところに収容されている父親の姿を娘には見せたくなかったのです」

張三氏と小紅さんは、思わぬコロナ禍の影響で、帰国が延び延びになり、張三氏の仮放免から1年以上たった2021年の初冬、夫婦は愛娘を残し、ひっそりと中国に帰っていきました。

「帰国するのは残念ですけど、法を犯したのは自分たちなので、いまはもう誰を恨むわけでも、憎むわけでもありません。確かに日本での最後の数年間はつらいことばかりでしたが、日本という国も、日本人も素晴らしいと思っています。だって、ここは娘が生きていく国ですから」

帰国を控えた張三氏がポツリともらした言葉が忘れられません。

人は誰でも過ちを犯します。

そして、彼らも入管法違反という過ちを犯しました。しかし、彼らの過ちは誰を傷つけたわけでも、誰かを悲しませたわけでもありません。彼らは嘘をつき通すこともできたはずです。でも、彼らはそうしませんでした。正直にすべてを話しました。しかし、入管は彼らの過ちを決して許しませんでした。そして、突きつけられたのは家族の分離。

「送還することに過度にとらわれるあまり、人を扱っているという意識がおろそかになっていた」

これは夫婦の帰国から約2カ月後に名古屋入管で亡くなったウィシュマさんについて当時の上川陽子法務大臣が述べた言葉です。この夫婦のことを思い出すたびに、私の脳裏にはこの言葉がよぎります。

6　ある家族の物語②【愛のかたち】

２００８年の暮れ。日本で暮らすおじとおばを頼りにイスタンブールからの便で成田空港に降り立った18歳のクルド人青年がいます。

親族の何人かがトルコからイタリアに渡り、イタリアで難民として暮らしていたので、彼もはじめはイタリアを目指そうとしたそうです。ただ、イタリア行きのブローカーに支払う金額が高額で、結局、パスポートさえあれば、ビザ（査証）なしでも入国できる日本を目指すことにしました。

「まずは観光客として入国する。その後、入管に行って難民申請をする」

おじからは、自分自身もそうやったということで、そんなアドバイスを受けていました。

「飛行機の中で入国するためのＥＤカード（外国人入国記録）が配られました。でも日本語と英語で書かれていて、何をどう書いていいのか分からず、いくつかの記入欄が空欄だったんです」

そのため入国審査で引っ掛かり、彼は事務室の奥の小部屋に連れて行かれてしまったと彼は言います。

「入国目的は？」「観光です」

「滞在期間は？」「２週間」

「滞在先は？」「川口のおじの家。おじはいま空港に迎えに来てくれています」

おじから言われたとおり、入管の通訳人を通して、彼はそう答えました。

もちろん、彼は難民申請をするつもりで日本にやってきたのであって、観光目的でもなければ、２週間で帰るつもりもありません。ただ、ここ日本では空港で「難民なんです。助けてください」などと言おうものなら、たちまち入国を拒否され、追い返されるというのは、もはや誰もが知っていることです。だから、彼は定石どおり、まずは観光客として入国しなければならなかったのです。

電話で何やら話す入管職員。どうやら通話の相手はおじのようです。「入国後、どこに行って、何をする予定？」。職員の質問は続きます。長い長い審査を経て、職員が言ったのは「あなたの入国は認められません」。

職員によると、おじさんとの話に「食い違い」があり、観光目的かどうか疑わしい、だから、入国ができないとのこと。たしかに観光目的ではないけど、ここで帰るわけにはいきません。

日本にいるおじもおばも知り合いも、クルド人のほとんどはみんな観光客として日本に来て、難民申請しているのに、自分だけが、どうして？

「いや、私は帰らない」と18歳のクルド人青年は言いました。

そして、彼は続けてこう言いました。「実は難民なんです。難民申請をさせてください」

「自分はクルド人。自分の家族は、トルコ政府と敵対するＰＫＫ（クルド労働者党）との関係を疑われ、政府の治安部隊から激しい弾圧を受けています。自分の家族や親戚、友人・知人の中には拷問を受けたり、行方不明になってしまったりした人たちもたくさんいます。自分もいつそんな目にあうか分からない。それに、このままトルコにいれば、自分は近いうち徴兵されます。そうすると今度は兵士として同じクルド人を痛めつける側に回ることになる。そんなこと、耐えられない。だから、日本に逃げてきた。どうか助けてください」

しかし、通訳を通じていくら職員に訴えても、職員は首を横に振るばかり。「いや、いくらあなたがそう言ったって、あなたが難民であるという証拠は何一つないでしょう。それにあなたの『徴兵逃れ』に加担するわけにはいきません。いますぐトルコに帰ってください」

「難民申請をしたい」「させない」の不毛なやりとりの末、青年は空港には5日留め置かれ、5日後には退去命令に応じないという理由で退去強制令書を見せられた上、大勢の入管職員に囲まれてサテライトに連れて行かれました。そして、無理やり飛行機に乗せられそうになりました。

青年は激しく抵抗しました。その抵抗ぶりに入管職員たちもあきらめたのか、彼はなんとか強制送還は免れました。

その後、彼は成田の入管の収容施設に収容され、やっと難民認定申請ができたのは、入国して10日後のことだったそうです。しかし、収容が解かれたわけではありません。その後、彼はさらに牛久入管に移され、入国から約半年後、難民を支援する弁護士の申請によってようやく仮放免が認められました。

仮放免後、彼は川口のおじのところに身を寄せ、2014年、ある日本人女性と恋に落ちます。この女性は、日本に住むいとこのフィアンセの友人で、年上の落ち着いた感じの女性でした。1年後、2人は結婚、埼玉県内のマンションで新婚生活が始まります。

ところが、2017年のある日、突然、彼は再び収容されることになります。仮放免中の人は、1〜3カ月に一度入管に出頭し、その都度、仮放免の延長の申請をする必要があります。通常、特段の問題がなければ延長は認められるのですが、その日、係官から告げられたのは「仮放免の延長は認められません。いまからあなたを収容します」という言葉でした。

「仮放免の出頭日には私も必ず夫に付き添って一緒に品川の入管に行っていたのですが、その日はいつもならすぐに手続きを終えて出てくる夫がなかなか戻ってきません。なんかおかしいなぁと思っていたら、突然、私の携帯が鳴りました。夫からでしたが、そこから聞こえてくるのは職員と夫がもみ合う怒号混じりの喧騒。私はもうすっかりパニックになってしまいました」

彼の妻は当時をそう振り返ります。

「しばらくして入管の職員が私のところにやってきました。職員が言うには、あなたのご主人の仮放免の延長は認められず、再収容になります、とのことでした。『なぜですか？』と私は尋ねました。するとその職員は『総合的な判断です。それに、そもそもご主人には退去強制令書が発付されています。これは国の決定ですので、ご主人は速やかに帰国していただくことになります』とこともなげに言うのです」

18歳で入国し、それから9年後に日本人の伴侶と結婚したクルド人男性も、いまではすっかり流暢になった日本語で、次のように当時を振り返ります。

「入管の職員たちは、ウエがそう決めたこと、すでに退去強制令書が出されているので本国に帰国しなければならないと繰り返すばかりで、具体的な説明は一切ありませんでした。結局、それから8カ月間、自分は東京入管に収容されていたのですが、その8カ月間、職員は『いつ帰るの？』『早く帰りなさい』『帰国に応じるまでここから出ることはできない』と繰り返すばかり。しかし、そんなことを言われて国に帰れるのであれば、もうとっくに帰国しています。8カ月後、ようやく仮放免が許可されましたが、収容された時と同様、自分の仮放免がなぜ認められたのかその理由も分かりませんでした。まあ、もっとも入管にそれを聞いたとしても、どうせ『総合的・個別的な判断』という例のお決まりの文句しか返ってこないのでしょうが」

このような収容と仮放免、再びの収容と仮放免は、2人の精神を確実に追い詰めていきました。無理やり飛行機に乗せられそうになった時の恐怖、再収容の際に多くの職員に取り囲まれて押さえ付けられた時の絶望感は今でも彼を苛み、ときどき彼はいたたまれない不安にかられると言います。

妻は夫が再収容される時のスマホから流れる怒号混じりの喧騒がいまでも忘れられず、一時は夫婦2人で精神科に通院していたと言います（ただし、仮放免では働くこともできないため、お金が続かずに通院は断念せざるを得なかったとのこと）。

彼の難民申請はすでに3回不認定となり、現在、4回目の申請中で、仮放免の出頭日には、このまま再収容されるのではないか、という恐怖感で夫婦は心を強張らせると言います。出頭の度に、職員からセレモニーのように「はやく国に帰ってください」「トルコで2人で暮らせばいいじゃないですか」と言われ続けているとのことです。

今、この夫婦を最も苦しめていることが、2人の間に子どもがいないということだと言います。自分たちより婚姻歴も浅く、犯罪歴もあるのに、夫婦に子どもがいるということで入管の内部手続によって退去強制令書が撤回され、在留特別許可が付与される現実を見るたびに、言いようもないやるせなさが込みあげてくるそうです。妻はなぜ自分には子ができないのかと自分自身を責め、そんな妻の姿を見て、夫は自分のせいで妻が苦しんでいると自分を責め、お互いにいたたまれない気持ちになると言います。

なんで自分たちはこんなに苦しまなければならないのか。「ただ、観光客として入国し難民申請をしたかっただけで、何か悪いことをしたわけではないのに」

妻は言います。

「私は彼の妻ですから、彼が難民であるということを信じて疑いません。しかし、実は、彼が難民なのか難民ではないのかといったことは、私にとってはさほど重要なことではないのです。なぜなら、私は彼を難民だから愛しているのではなく、彼が彼だから彼を愛している、ただそれだけだから。ですので、つつましくこの日本で2人で暮らせていけるなら、ビザの種類なんてどうでもいいのです。ただ収容とか送還とかの不安なく、彼と2人で日本で暮らしていきたい。そんなささやかな幸せを望むことすら私たちには許されないのでしょうか」

第4章　繰り返される入管施設での死亡事案

1　入管施設での病死・自殺

2019年6月に起きた大村収容所でのサニーさんの餓死、2021年3月の名古屋入管（名古屋出入国在留管理局）におけるウィシュマさんの死亡事案は、マスメディアでも大きく報じられましたが、入管収容施設では、2007年以降、18人（うち6人は自殺と推定）が死亡しています（資料①参照）。入管はその都度、再発防止策として「医療体制の強化」であるとか、「職員の意識改革」を挙げますが、収容者の死亡が繰り返されているのです。

■「I'm dying（死にそうだ）」の訴え

2014年には、スリランカ国籍の男性が、東京入管の収容施設に収容中に治療を求めながらも病院に行くこともなく、死亡しています。また、同じ年、牛久の東日本入国管理センター

資料①　入管収容施設等における主な死亡事件

1997年 8月	イラン	東京入国管理局第二庁舎（東京都北区）	職員による暴行致死の疑い
2001年10月	ベトナム	西日本入国管理センター（大阪府茨木市）	自殺
2006年12月	ナイジェリア	東京入国管理局（東京都品川区）	病死
2007年 2月	ガーナ	東京入国管理局（品川）	病死
2008年 1月	インド	西日本入国管理センター（茨木）	自殺
2009年 3月	中国	東京入国管理局（品川）	自殺
2010年 2月	ブラジル	東日本入国管理センター（茨城県牛久市）	自殺
2010年 3月	ガーナ	東京入国管理局成田支局	強制送還中の制圧による窒息死の疑い
2010年 4月	韓国	東京入国管理局（品川）	自殺
2010年 4月	フィリピン	東京入国管理局（品川）	病死
2010年12月	フィリピン	東京入国管理局（品川）	病死
2013年10月	ミャンマー（ロヒンギャ）	東京入国管理局（品川）	病死
2014年 3月	イラン	東日本入国管理センター（牛久）	誤嚥性窒息死
2014年 3月	カメルーン	東日本入国管理センター（牛久）	病死
2014年11月	スリランカ	東京入国管理局（品川）	病死
2017年 3月	ベトナム	東日本入国管理センター（牛久）	病死
2018年 4月	インド	東京入国管理局（品川）	自殺
2019年 6月	ナイジェリア	大村入国管理センター	餓死
2020年10月	インドネシア	名古屋出入国在留管理局	病死
2021年 3月	スリランカ	名古屋出入国在留管理局	病死？
2022年11月	イタリア	東京出入国在留管理局	自殺

（「被収容者友人有志一同」のブログをもとに一部追加修正）

でカメルーン国籍の男性が、「I'm dying（死にそうだ）」と言いつつ治療を受けられないまま死亡しています。この事件は、遺族が国を相手取り国家賠償の裁判を起こしています。22年9月、一審の水戸地裁は、入管職員は（人身の自由が制限されている収容者に対して）社会一般の水準に見合うだけの対応を取る注意義務が課せられていると指摘した上で、男性が30分以上苦しんでいる姿を見れば、社会通念上、救急搬送を要請すべきであったのは明らかで、それにもかかわらず救急搬送を行わなかった職員の過失の程度は決して軽いものとは言えないとして、原告の請求の一部を認め、国に165万円の賠償を命じる判決を下しました。

判決は、注意義務違反と男性の死亡との

因果関係については認められないとしたものの、収容者の死亡事件について、国の過失を認めたはじめての判決として注目されました。

２０１７年３月、牛久入管に収容されていたベトナム人男性がくも膜下出血で死亡した事件では、男性が亡くなる１週間前から体調不良を訴えていたにもかかわらず、外部病院での専門的検査を受けさせていなかったことを認めた上で、入管は「事実を重く受け止め、医療体制を整えていきたい」（２０１７年12月５日付、朝日新聞デジタル）と述べています。

■自殺者の発生

自殺者も少なくありません。２０１８年４月には、東京入管でインド人男性が自ら命を絶っています。仮放免が認められなかったことを悲観しての自殺だとみられています。また、近年では22年11月に東京入管でイタリア人男性が自殺しています。このほかにも、仮放免された直後に死亡したり、長期の拘禁状態によって心身に大きな障害を抱えたりする人もいます。

■長期間の収容を予定していない入管施設

出入国在留管理庁のホームページによると、例えば、大村入国管理センターの居住区は「12畳半の畳敷きの部屋が廊下に面して５つ並び、各部屋にはテレビと個室トイレ、炊事場が備えられ、夜間、ドアは外から施錠される」と紹介されています。

「各部屋の定員は10人で、日中は部屋を出て、シャワーや公衆電話がある廊下で過ごすこともできるが、原則、行動は区画内に制限される」とあります。食事は弁当。パソコンや携帯電話の持ち込みは禁止、刑務所のように強制される作業はなく「保安に支障がない範囲で自由に過ごせるようにしている」（総務課）と紹介されています。

また、「通風、採光が十分に配慮され、冷暖房が完備、自由に入浴、洗濯、運動等ができ、医師及び看護師が被収容者の診療に当たっており、必要に応じて外部の病院に通院、入院させる等、被収容者の健康管理に万全の対策が講じられ、栄養士による栄養バランスのとれた献立により調理され、被収容者が属する国の食習慣、宗教上の戒律等に留意した特別食や病人等に配慮」（以上要約）されているとされています。

このような一見快適そうな収容施設で、収容者の死が後を絶たないのはなぜなのか？

いわゆる全件収容主義のもと、オーバーステイなど入管法違反者は、実務上はさておき、法律上は基本的に全員が収容された上で、退去強制手続を受けることになりますが、収容令書による収容期間は原則30日、最長でも60日になっています。また、在留特別許可が認められず、退去強制令書が発付されても、その者は「速やかに」送還されるというのが法律の建前になっています。

このように入管収容施設は、あくまでも退去強制手続のため、あるいは送還が執行されるまで一時的にその者を留め置く施設であって、いわば「待機場所」にすぎないのです。そのため、刑務所と比べて入管収容施設の医療体制は簡易なもので、ウィシュマさんが亡くなった当時の名古屋入管の医療体制は、庁内医師は非常勤で診察は週2回、1日2時間の診療時間だったとされています。

そもそも、人を長期に留め置く施設ではないところに、長期間、人が留め置かれる。しかも、収容期間に上限はありません。また、法改正により監理措置が導入されるとはいえ、現行の仮放免制度は、仮放免されるかされないかはすべて入管の胸三寸。入管側には仮放免の不許可処分について理由を告げる義務が課せられていないため、自分がなぜ仮放免されないのか、納得のいく説明もないまま先の見えない収容が続くわけです。積み重なる不安とストレスは、被収容者の心と身体に大きなダメージを与えていきます。

もっとも、送還を拒んでいる人たちが、すべて日本にいなければならない事情があるとは限らないし、収容する側（＝入管）から言わせれば、安易に仮放免を認めることは、「ゴネ得」を許すことになり、これを許せば誰も入管の言うことに従わないことになりかねないという懸念はあるでしょう。また、収容者の死亡事案が相次いでいるからといって、収容や送還自体が直ちに否定されるものではないでしょう。ただ、いかなる事情があるにせよ、亡くなってよい命などあるはずはありませんし、入管だってそんなことは望んでいないはずです。

■根源的な問題の所在

入管はこれまでも収容施設などでの死亡事件が起きるたびに、医療体制の強化や、職員の意識改革などの改善方針を公表してきました。たとえば、２０１７年３月に牛久入管に収容中のベトナム人男性がくも膜下出血で死亡した事件では、入管は男性が亡くなる1週間前から体調不良を訴えていたにもかかわらず、外部病院での専門的検査を受けさせていなかったことを認めた上で、「事実を重く受け止め、医療体制を整えていきたい」（２０１７年12月5日付、朝日新聞デジタル）と述べています。

ただ、それでもこれまで同じような悲劇が繰り返されているのは、もはや「職員の心持」とか、「医療体制」に根源的な問題があるのではなく、入管システムそのものに大きな欠陥があるのではないか、私にはそう思えてなりません。

2　ウィシュマさんの死

大村収容所におけるナイジェリア人男性サニーさんの餓死事件（２０１９年６月）から約１年９カ月後の２０２１年３月６日、名古屋入管の収容施設に収容されていたスリランカ女性ウィシュマ・サンダマリさん（死亡時33歳）が亡くなりました。彼女の死はメディアでも大きく報じられ、改正入管法案の国会審議と相まって、社会的関心を引き起こしました。

ウィシュマさんの足跡と最終報告書

ウィシュマさんの死後、入管庁は出入国管理部長を責任者とする調査チームを発足させ、「令和3年3月6日の名古屋出入国在留管理局被収容者死亡事案に関する調査報告書」（21年8月10日付、以下、最終報告書）を公表しています。100ページにも及ぶこの最終報告書（追加の補足説明書を含めると300ページにも及ぶ分量）をもとに、ここからはウィシュマさんの足跡をたどってみましょう。もっとも、この報告書はあくまでも入管側が作成したもので、調査チームには第三者が参加しているとはいえ、記載内容や情報の取捨選択はすべて入管当局が行っており、すべてのことが書かれているわけではありません。その一方で入管収容期間のウィシュマさんの状況については入管が把握していたわけで、その意味でこの報告書が死の真相を解明するもっとも有力な資料でもあることも間違いありません。

留学生としての来日したウィシュマさん

スリランカ人女性・ウィシュマ・サンダマリさん（報告書には「A氏」と記載）は2017年6月29日、千葉県内の日本語学校に通うとして、在留資格「留学」、在留期間「1年3月」の上陸許可を受け入国しました。入国後、彼女はその千葉の日本語学校に通いつつ、12月頃アルバイト先で知り合ったスリランカ人男性（報告書には「B氏」と記載）と交際するようになったとされています。

ウィシュマさんは18年1月までは月に1日程度しか欠席することはありませんでしたが、2月以降、欠席が目立ちはじめ、4月下旬以降からは日本語学校からの連絡にも応じず、5月以降は授業に一切出席しなくなってしまいました。そのため、入国してから約1年後の2018年6月25日、所在不明を理由に、日本語学校を除籍されています。

日本語学校にほとんど通わなくなったウィシュマさんは、4月以降、スリランカ人男性の恋人B氏と静岡県内で同棲をはじめています（なお、B氏はウィシュマさんと同様、留学生として来日し、その後、不法残留となっていますが、ウィシュマさんと同棲開始時は「留学」の在留資格を有していました）。

B氏と同棲を開始したウィシュマさんは静岡県内の自動車部品工場で働いていましたが、自身の「留学」の在留期限が切れる8日前の9月21日に難民認定申請を行っています。この時、入管は難民申請に伴うものとして、10月15日、彼女の在留資格を「留学」から「特定活動」（在留期間2カ月）に変更を許可しています。

■難民申請とオーバーステイ

難民認定申請の理由について、ウィシュマさんは「スリランカ本国において、恋人のB氏がスリランカの地下組織の関係者とトラブルになった。同組織の集団が家に来て、B氏の居場所を教えなければ殺害すると脅迫され、暴力を受けた。危険を感じ、B氏が２０１７年4月に、私がその３カ月後に来日した。帰国したらB氏と一緒に殺される」などと述べています。ただし、のちにウィシュマさんはB氏とは「来日してから恋人関係になった」と語っていますし、B氏も調査チームの聴取で、ウィシュマさんと話し合って「日本に残るために難民認定申請をすることとなり、お互いの申請理由をそろえることにした」と述べており、この難民申請はビザを引き延ばすためだった可能性が高いと考えられます。

その後、彼女は難民申請をしたことによって新たに付与された「特定活動」の更新申請を行っています。しかしこの更新申請は「難民条約上の迫害事由に明らかに該当しない事情を主張して難民認定を行っている」として、２０１９年1月22日に不許可になっています。

これによりウィシュマさんは在留資格を失い、同時にスリランカに帰国するとして、難民申請を取り下げています。不法残留（オーバーステイ）となったウィシュマさんは、その後、入管には出頭せず、入管が電話をかけても通じず、自宅宛てに呼出状を郵送しても返送されるなど、その所在がまったく分からなくなってしまいました。

所在不明となってから1年半以上が経過した２０２０年8月19日、ウィシュマさんは静岡県内の交番に一人で出頭してきました。その際の所持金はわずか１３５０円で、オーバーステイで現行犯逮捕されました。逮捕された翌日、静岡の警察から名古屋局入国警備官に引き渡され、名古屋入管の収容施設に収容されます。

■帰国希望から在留希望へ

収容後、ウィシュマさんはオーバーステイになった経緯について、日本語学校の学費が払えず、お金を貯めようと学校へ通わず働きはじめ、留学の在留資格の在留期限が近づくと、もう少し働きたいと思って、難民申請をしたものの、難民として認められず、「特定活動」の在留期間の更新も不許可となったが、まだ日本で働きたいと思い不法残留したなどと説明しています。また、8月21日の入国審査官による違反審査では「恋人とけんかして家を追い出され、住む場所がない。日本では仕事もできないので、このままでは生活できない。そのためスリランカに帰国したい」と希望していました。当日、ウィシュマさんに対して退去強制令書が発付されています。

ウィシュマさんは入国警備官に対して「1日も早くスリランカに帰国したい」と伝え、それを受けて名古屋入管では送還に向けた取り組みを開始しています。しかし、コロナ感染の事態に加え、本人の所持金がわずかで、国費送還も検討されたものの、送還の目途が立たない状況が続いていました。

収容から約4カ月後の2020年12月9日、ウィシュマさんは、日本人の支援者（報告書には「S1氏」と記載）とはじめて面会、以降、支援者らと面会を重ねるようになりました。支援者らと面会する中で、ウィシュマさんは、恋人のB氏から暴力を受けていたこと、B氏から

「殺す」と書かれた手紙が届いたこと、B氏の子を妊娠し、薬を飲まされ流産したことなどを話しています。また入管庁も、職員がウィシュマさん本人から、恋人からDVを受けていた旨の話を聞いていたことを認めています。

一方のB氏は、ウィシュマさんの死後に行われた入管の調査チームによる聴取に対して、「A氏（＝ウィシュマさんのこと）が警察に出頭（2020年8月19日）する2日前頃、A氏から『もう一度やり直してほしい、一緒にスリランカに帰ってほしい。』と言われた。既に日本人女性と交際していたため、私がこれを断わると、A氏が怒り出しけんかになったが、A氏に答えを2日ほど待ってほしいと伝えると、けんかが終わった。私がA氏を追い出したことはなく、A氏は、家を出て行った当日朝も、仕事に出かける私を見送っており、特におかしな様子はなかった」などと述べていたとされています。

2020年12月中旬ころ、それまでスリランカへの早期の帰国を望んでいたウィシュマさんは、看守勤務者などに対して「日本で助けてくれる人が見つかったので、日本に住み続けたくなった」と話すようになり、12月21日には入国警備官に対して「私はもう帰国したくなくなった」と帰国の希望を撤回し、在留を希望するようになりました。

帰国希望から在留希望へ転じたウィシュマさんは支援者らの協力を得て、2021年1月4日、仮放免許可の申請を行っています。申請理由には、B氏から「帰国したらスリランカで私を探して罰してやる。B氏の家族が自分にリベンジするために待っている」などと書かれた手紙を受け取り、スリランカに帰るのは危険である旨の理由が書かれ、B氏からの手紙も添付されていました。なおこの仮放免申請はのちに不許可となっています。

■体調の悪化

報告書によれば、ウィシュマさんが、食後の胃痛、吐き気、しびれなどの体調の悪化を訴えるようになったのは、2021年1月中旬以降とされ、1月17日、食欲不振、食後の胃痛、吐き気を訴え、看護師（収容施設内で勤務する看護師）との面談を希望し、翌18日、彼女と面談した看護師は少量ずつの食事、水分の摂取、腹部マッサージや軽度の運動を指導しています。看護師は治らないときは医師に相談した上での服薬や、診断結果によっては外部の病院に行くことも促しましたが、「服薬や医師の診察は嫌であり、外部病院に行くのはさらに嫌である」などと話したとされています。

ウィシュマさんの体調はどんどん悪化し、嘔吐を繰り返すようになり、X線検査や血液検査、心電図検査、尿検査などを行っても異常値は見られず、1月31日には、食べ物を食べたいが食べられない、もうすぐ死ぬなどと訴え、看守勤務者はウィシュマさんを複数人が入室する共同室から単独室に移室させています。この頃から、ウィシュマさんは自力では歩けないと訴えるようになり、移動の際には車椅子を使ったり、看守勤務者の介助を受けたりするようになりました。

２月４日には庁内診療室の甲医師による診療、翌５日には名古屋市内の病院で消化器内科医師による診療と胃カメラ検査が実施されていますが、大きな異常は見つかりませんでした。２月15日には甲医師の指示によって尿の再検査が行われています。その際、ウィシュマさんが飢餓状態であることを示す数値が出ていたと言われていますが、それを踏まえた医療的措置は行われませんでした。

２月16日にウィシュマさんが申請した１回目の仮放免申請の不許可が本人に告知されたため、２月22日に２回目の仮放免許可申請を行っています。２月の後半には、ウィシュマさんはベッドから起き上がるにも介助が必要な状態が続き、食事の際の介助を受けることも多くなりました。また、病院に連れて行ってほしい、点滴や採尿をしてほしいと訴えるようになっていきました。

「もう死んでもよいと思うときがある」。亡くなる３日前の３月３日、彼女は看護師に対してこのような言葉を発したといいます。

３月４日、彼女が亡くなる２日前に外部の病院で精神科の診療を受けましたが、体調の異変にかかる具体的な原因は分からず、診療した医師は「診療情報提供書」の中で、「どのように考えたものか難しいです」と前置きしつつ、「確定はできないが、病気になることで仮放免してもらいたい、という動機から、詐病・身体化障害（いわゆるヒステリー）ということも考えうる」と記す一方で、「患者が仮放免を望んで、心身の不調を呈しているなら、仮釈放（仮放免）してあげれば、良くなることが期待できる。患者のためを思えば、それが一番よいのだろうが、どうしたものであろうか？」と記しています。

■臨終まで

2021年3月6日。

午前中、ウィシュマさんはベッドの上で、大きく呼吸しつつ、首を上下左右に振ることを繰り返していたものの、看守勤務者らの問いかけに対する反応は弱かったといいます。午後1時以降は、看守勤務者らの呼びかけなどにも反応を示さなくなり、午後2時7分頃、看守勤務者らがウィシュマさんの居室に入り、彼女の身体を揺すったり、耳元で呼びかけたりしても反応はなく、脈拍も確認されず、指先も冷たく、血圧も測定不能。

午後2時11分頃、男性副看守責任者らも加わり、再度、血圧を測定したものの測定不能、脈拍も確認できませんでした。

午後2時15分頃、救急搬送を要請、午後3時25分頃、搬送先の病院でウィシュマさんの死亡が確認されました。

なお、2回目の仮放免申請について入管は、彼女の体調の回復を待ってから、仮放免を許可する方針だったとされています。しかし、彼女の体調は回復することなく、異国の地の収容施設で生涯を閉じました。33歳の若さでした。入所時には84・9キロだった体重は、司法解剖時は63・４キロ。死亡が確認された病院の医師が作成した「死体検案書」の死因の種類の欄には「不詳の死」とあり、いまだに死因は明らかになっていません。

3　彼女はなぜ異国の収容施設で亡くなったのか

最終報告書には、ウィシュマさんの体調に関する名古屋入管の職員の「認識」として、「仮放免許可に向けたアピールとして、実際よりも誇張して主張しているのではないかとの認識を抱いていた者が認められ、とりわけ看守勤務者の中に多く認められた」と書かれています。

■「詐病」を疑われたウィシュマさん

病気のふりをすることを「詐病」と言いますが、もちろん彼女は詐病なんかではありませんでした。嘔吐を繰り返し、体重は激減し、衰弱したうえ力尽きてしまいました。でも、入管職員の多くは、ウィシュマさんの「詐病」を疑っていたのです。

体調が悪化して、本当にしんどいのに、病気じゃないと疑われる。症状を大げさに訴えていると思われる。本人にとって、こんなにつらいことはないでしょう。さぞ無念だったと思います。

それにしても、いったいなぜ、入管職員の多くは彼女の「詐病」を疑ったのでしょうか。

ウィシュマさんは、仮放免申請をした後から体調不良を訴えるようになりましたが、最終報告書によれば、「職員の中には、それぞれの経験から、仮放免許可申請後に体調不良を訴えるものがあり、被収容者の中には、仮放免許可に向けたアピールとして実際より誇張して体調不良を訴える者がいるとの認識を有する者がいた」とされています。つまり、職員の経験則から、ウィシュマさんの詐病を疑ってしまったのです。

また、当初、帰国を希望していたウィシュマさんは、支援者らとの面会を通じて在留を希望するようになり仮放免許可の申請に及びましたが、名古屋入管内では、支援者がウィシュマさんに対して「仮放免されたいのであれば、病院が嫌いでも病院に行った方がいい」と発言した旨の内部文書が供覧、周知されていたとのことです（ただし、当該支援者は、「『あなたは病気だから仮放免される』とは言ったかもしれないが、上記のような発言はしていない」と否定しています）。職員らは、「支援者の言動によって、ウィシュマさんは病気になれば仮放免にされる、との認識を抱いたのではないか、と考えていた」とも報告書には書かれています。

さらに、外部の消化器内科での診察や胃カメラ検査、整形外科での診察、あるいはバイタルチェック（脈拍数や血圧値などのチェック）でも重篤な異常はみられなかったこと、官給食（収容施設で一般に提供される食事）は食べないことがあった一方で、ウィシュマさんが自費で購入した炭酸飲料やお菓子、果物などは食べていたことなども、職員がウィシュマさんの詐病を疑う要因になっていたようです。

このように入管職員の経験則に基づいた先入観、支援者らに対する疑念、数値的に異常値などが認められないこと、ウィシュマさんの一部の言動などさまざまなことが絡み合い、入管は彼女の詐病を疑ってしまったのです。

■SOSのサイン

一方で、「詐病」ではなかったことを示す重要なサインもありました。

最終報告書によれば、ウィシュマさんの体調が悪化している2021年2月15日の尿検査では、ケトン体が基準値を大きく超えており、すでに彼女が飢餓状態であることを示していたとされています。また、タンパク質も基準値を超えており、これも腎機能の悪化を示唆するものであったといいます。しかし、これらの検査結果を踏まえた追加的な検査などが行われることも、その情報が入管内できちんと共有されることもありませんでした。

報告書では、検査結果を踏まえて、「更なる検査の実施や体調への配慮等の対応がなされるべきであった」とする一方で、それが実行されなかった原因として、「週2回・各2時間勤務の非常勤内科等医師しか確保・配置できていなかったという名古屋局の医療体制の制約があった」と指摘しています。

たしかに、入管職員には医療の専門知識がないため、基本的には収容者への対応は医師などからの情報提供に頼ることが多く、収容者の処遇のみならず、仮放免許可の決定にも医師等の助言が大きな影響を及ぼします。しかし、たとえ医療体制に制約があったにしても、入管職員にウィシュマさんに対する「詐病」という先入観がなければ、職員の方から積極的に医師の判断を求めていたかもしれません。このことからも「詐病」というバイアスが影を落としているような気がしてなりません。

■「職員の心持」や「医療体制」が問題の本質なのか？

報告書には、体調が悪化しているウィシュマさんがカフェオレをうまく飲むことができず、それを見た女性看守職員が「鼻から牛乳や」と言ったり、脱力した彼女が聞き取り困難な「アロ……」という声を発したのに対して、「アロンアルファ?」と聞き返したりしたことなどが書かれています。

もちろん、このような言動は「明らかに人権意識に欠ける不適切な発言であり、職員の意識改革を徹底する必要がある」（最終報告書による総括）ということは、その通りでしょう。ただ、看守勤務者の一人は、最終報告書で「A氏（＝ウィシュマさんのこと）の介助等により業務に負担が生じていた状況が長期化しつつあった中、職員の気持ちを軽くするとともにA氏本人にもフレンドリーに接したいという思いがあった」と述べています。

私はこの言葉に女性看守職員たちの切実な思いを感じずにはいられません。

収容から死亡するまでの半年間、最も身近でウィシュマさんと接していたのは、この女性看守職員たちです。元気だった頃のウィシュマさんも、体調が悪化し苦しむウィシュマさんも、彼女たち看守職員は常に見守ってきたはずですし、ウィシュマさんと彼女たちの間には、監視ビデオには収められていないさまざまな「人間模様」があったはずです。

日に日に衰え、苦しみ、憔悴していくウィシュマさんを目の前にして彼女ら女性看守たちが、同じ人として、女性として、心を痛めることはなかったなどと、いったい誰が言えるのでしょうか。「私たちにはパワー（権力）がないからさぁ」。一部公開された監視ビデオには女性職員がウィシュマさんにこう述べるシーンが映っていました。何とかしてあげたい。でも、どうすることもできない……。この女性職員はきっとこんな思いだったのではないでしょうか。

事件後、入管庁は職員の意識向上を図るとして「出入国在留管理庁職員の使命と心得」（資料②参照）を策定、また、「入管収容施設における医療体制の強化に関する提言（『出入国在留管理官署の収容施設における医療体制の強化に関する有識者会議』による報告書）」では、医療体制の強化と整備がうたわれています。

さらには、ウィシュマさんは収容される前、同居していた男性からＤＶ（ドメスティック・バイオレンス）を受けていた可能性があり、ＤＶ被害者に対する適正な措置ができるよう措置要領の改正、職員が収容者などに対して適正な対応を行っているかどうかを監査する監査指導室を設けるなどしています（資料③参照）。

しかし、本当の問題は、「職員の心持」とか、「医療体制」にあるのではなく、自らの心を軽くするために、あるいは収容者と良好な関係を築こうとするがゆえに、現場の入管職員にその

資料②　出入国在留管理庁職員の使命と心得

出入国在留管理庁職員の使命と心得

「出入国在留管理庁職員の使命と心得」は、出入国在留管理行政に携わる全ての職員が、国民から負託された使命を見失うことなく、自信と誇りを持って職務に当たるとともに、出入国在留管理行政が適正に行われ、国民の信頼と期待に応えることができるよう、出入国在留管理庁職員が果たすべき使命と心得を示すものである。

【出入国在留管理庁職員の使命】

現代国際社会において、主権国家の権能である出入国在留管理は、その重要性をますます高めている。その中において、我が国の出入国在留管理行政の基本的な役割は、全ての人々の人権を尊重しつつ、我が国に入国し、又は出国する全ての人の出入国及び我が国に在留する全ての外国人の在留の公正な管理を図ること、難民の地位に関する条約の締約国として、難民を保護すること、そして外国人の受入れ環境整備に係る総合調整を行うことである。

我が国において、これらの役割を担う出入国在留管理行政は、ルールを守る外国人を積極的に受け入れる一方で、我が国の安全・安心を脅かす外国人の入国・在留を阻止し、確実に我が国から退去させることにより、円滑であって厳格な、しかも、適正な出入国在留管理を実現することを目指す。また、諸外国や国際機関と協調し、真に庇《ひ》護を必要とする者を迅速かつ確実に保護することを目指す。さらに、関係機関と連携し、日本国民と我が国社会に受け入れた外国人の全てが良き隣人として共に暮らせる共生社会を実現することを目指す。これらを実現することにより、我が国の秩序ある社会の実現と経済・社会の健全な発展に寄与することこそ、国際社会で名誉ある地位を希求する我が国の出入国在留管理行政の使命であり、我々出入国在留管理庁職員の使命である。

【出入国在留管理庁職員の心得】

出入国在留管理行政に携わる全ての職員は、国家公務員として、国民全体の奉仕者であることを常に念頭に置き、秩序ある共生社会の実現に寄与する使命を担っていることを自覚するとともに、そのような重大な使命を負託した国民の信頼に応えなければならない。

そのためには、以下の点に特に留意しつつ、高い職業倫理を保ち、絶え間ない自己研鑽《さん》に努め、自身の判断が真に社会全体の利益にかなうものとなっているか、常に自問しながら、自信と誇りを持って公正な判断を行い、誠心誠意、職務の遂行に当たらなければならない。

1　出入国在留管理行政の専門家としての矜《きょう》持を持つ
　出入国在留管理行政の専門家としての自覚を持ち、法令等を精読し、業務上の知識を養うとともに、求められる規範を遵守する。
2　広い視野を持ち職務遂行能力を高める
　常日頃から国際情勢を含めた社会の動向の把握に努め、研修や多様な社会経験を通じて教養と良識を深め、広い視野と柔軟な思考能力を涵《かん》養し、職務の遂行に活かす。
3　公正な目と改善の意識を持つ
　業務が公正に行われているかを常に意識し、改善すべき点は躊躇《ちゅうちょ》なく意見を述べ、又は自ら見直す。
4　人権と尊厳を尊重し礼節を保つ
　人権と尊厳を尊重し、人と接するあらゆる場面において、相手の立場、文化や習慣に十分に配慮しつつ、礼節を保ち、丁寧に接する。
5　心情を理解しつつ冷静さを持つ
　相手の心情を理解しつつも、感情に流されることなく、常に冷静さを失わずに毅《き》然と対応する。
6　聴く力と話す力を養う
　内外の様々な意見に耳を傾け、前例にとらわれず、広く国民の良識にかなう判断をするよう努め、当事者を含めた社会全体の理解を得られるよう必要な説明を尽くし、積極的な情報発信を行う。
7　多様な関係者・関係機関と良好な関係を築く
　適正な出入国在留管理行政は、関係者・関係機関の理解と協力なくして実現しないことを認識し、国内外、官民を問わず、関係者・関係機関との良好な関係の構築に努める。
8　風通しの良い組織風土を作る
　職員同士が互いに敬意を払い、自由に意見を述べ、自ら判断し難い事柄については速やかに同僚や上司に相談・報告できる風通しの良い組織風土作りを心掛けるとともに、セクショナリズムに陥ることなく、組織が一体となって課題に対応する。

（出典：「2022年版『出入国在留管理』」より抜粋）

資料③　改善策の取組状況

	調査報告書で示された改善策	取組状況
①	「出入国在留管理の使命と心得」（仮称）の策定	全職員及び外部有識者の意見を集約して、「出入国在留管理庁職員の使命と心得」を策定
②	名古屋局における組織・運用改革	非常勤医師の増員、看守勤務体制の強化、被収容者の健康状態等に関する情報共有の再徹底等
③	被収容者の体調等をより正確に把握するための通訳等の活用	診療等において、原則として通訳人又は翻訳機器を用いるよう指示（収容施設のある全官署（１７官署）に翻訳機器配備済み）
④	収容施設の性質等を踏まえた計画的で着実な医療体制の強化	医師・学識経験者・弁護士による外部有識者会議において、提言の取りまとめ
⑤	救急対応に係るマニュアルの整備と研修の強化	各官署の現場職員及び医療従事者の意見を集約して、被収容者に対する救急対応マニュアルを作成
⑥	過去の再発防止策の実施状況の点検と再徹底	各官署の実施状況を点検の上、改めて再徹底を指示
⑦	体調不良者の仮放免判断に係る新たな運用指針の策定	医療従事者等の意見も踏まえた具体的な仮放免判断の運用指針を作成
⑧	体調不良者等の収容継続の要否を本庁がチェックする仕組み	
⑨	被仮放免者に関する民間団体等との連携等	・連携の対象先として適当な民間団体等の情報収集 ・連携に向けて複数の民間団体等と協議を実施
⑩	本庁における情報提供窓口及び監察指導部署の設置	「出入国在留監査指導室」を設置
⑪	内規の周知徹底を含めたＤＶ事案への適切な対応	ＤＶ事案への適切な対応について改めて周知徹底を指示
⑫	支援者への適切な対応	対応窓口の統一等、各官署の運用を統一するための通知を発出

（出典：「2022年版『出入国在留管理』」より抜粋）

ような不適切な言動を取らせてしまうその殺伐とした収容環境や制度の中にこそあると、私には思えてならないのです。

４　裁判に訴えたウィシュマさんの遺族

２０２２年3月、ウィシュマさんの遺族は、死亡原因は入管が必要な医療を提供しなかったためだとして、国に約1億５６００万円の損害賠償を求め名古屋地裁に提訴しました。

■遺体はやつれきって別人のようだった

名古屋地方裁判所第2号法廷。

初公判で次女のワヨミさんは、日本に留学する姉を家族でスリランカの空港に見送りに行った時の光景を、涙で言葉を詰まらせながら、次のように回想しました。

「姉の太陽のような笑顔を見ているうちに、私も、いつか、姉を訪ねて日本に行ってみたいと思いました。その頃には、きっと、姉は、日本で勉強を終えて、日本で学校の先生になっているのだろう、日本の子どもたちに英語を教えているのだろうと思いました。あの頃、未来は明るかったのです。けれども、あの日が、生きた姉を見た最後になりました」

そして、愛する姉の遺体と対面した時の気持ちは、つらすぎて、とても話すことができないと言います。

「遺体は、姉に似ていましたが、やつれきって、別人のようでした。私たちは、その遺体を姉だと認めたくなかった。姉が、どれほど苦しんだかと思うと、遺体をまっすぐに見ることもできませんでした」

■監視ビデオと遺族の思い

ウィシュマさん死亡事件については、さまざまな見方があります。SNS上でも、入管の対応を厳しく非難する人たちもいる一方で、そもそも彼女がオーバーステイとなったこと自体を自己責任として非難する人たちもいます。

ただ、たとえ本人に落ち度があったにしても、愛する家族を失った者が、なぜ亡くなったのか真相を知りたいと思うのは当然のことです。遺族は入管がまとめた報告書に納得していないし、295時間分あるとされるビデオの全面公開に対して、入管側が「保安上の理由」や「故人に対するプライバシーへの配慮」などを理由に全面開示を拒んでいます。遺族の方からしてみれば、なにか入管にとって都合の悪いことが隠されているのではないか、然るべき措置を行わず姉を見殺しにしたのではないか、こう思うのも無理からぬことでしょう。

なお、その後の公判で、国は裁判所の勧告に応じ、約5時間分のビデオを裁判所に提出、公開法廷での上映が決まりましたが、それに先駆けて遺族側は国側が提出した監視カメラ映像の一部を約5分間に編集したビデオを記者団に公開しました。

このビデオには、ウィシュマさんが死亡した当日の映像も含まれており、弁護団は法廷での公開に先立ち映像を公開した趣旨について「入管難民法改正案の審議が来週にも始まる。収容制度のあり方を適切に議論するには、映像を通じて実態を知ってもらう必要がある」と述べています（２０２３年4月6日付、東京新聞Ｗｅｂほか）。

この訴訟で、国は争う姿勢を見せています。国、入管側からしてみれば、ビデオの公開は、入管叩きや職員らへの個人攻撃につながりかねないという懸念があるのかもしれません。遺族側が公開した映像についても、齋藤健法務大臣は閣議後の記者会見で「原告側が勝手に編集してマスコミに提供して公開したものだ」などと述べ、「本件については皆さんにもよく考えてもらえたらと思う」と不快感をあらわにしています。一方、遺族側としてみれば、そのような国、入管当局の姿勢は、２９５時間分あるとされる監視ビデオを可能な限り人目に触れさせないままに、真実をうやむやにしようとしているとしか見えないかもしれません。

異国の地で尊い一つの命が失われ、その命はもしかしたら救える命だったかもしれないのであれば、真実はいったいどこにあるのか……。

長い裁判になるかもしれません。

「こんな悲しい思いをするのは、姉と私たち家族で最後にしてほしい」

この遺族の切実な思いに裁判所がどう応えるのか、その推移に注目していきたいと思っています。

5　悲劇を繰り返さないために

こうした収容による悲劇を繰り返さないために、私は次の2つのことが重要だと思っています。

1つ目は、収容するかしないかを入管の自由裁量に委ねてしまっている全件収容主義の原則を見直すこと。

2つ目は、在留特別許可や難民認定の手続きの透明性を高めた上で、外国人側に送還に応じる義務を課すことです。

■全件収容主義の見直しを

入管法違反者をすべて収容し、送還するまで収容を継続させることを原則とするいわゆる

「全件収容主義」は、国際機関からもたびたび人権的側面からその問題性を指摘され、国内外において批判にさらされてきたにもかかわらず、これまでずっと維持されてきました。今回の法改正で新たに導入されることとなった「監理措置」も、収容するか否かを主任審査官の裁量に任せ、監理措置に付さない場合は収容となるので、全件収容主義の性質が変わったわけではありません。

実は、退去強制令書が出されていた人たちの90％以上が自主的に帰国しているのです（資料④参照）。ならば、全件収容主義を廃し、非収容を原則として、「誰を収容するか」の観点に立って、たとえば逃亡や犯罪のおそれのある人だけを、例外的に収容する方針が実情にも合っているし、収容コストの面からも合理的です。収容者を実情を勘案して選択することで、収容者や家族、職員とその関係者の心身の負担が軽減されるはずです。

また、収容者の中には、いわゆる「処遇困難者」と呼ばれる、職員に対して反抗的で、何事に対しても突っかかってくるクレーマーのような人がいます。この処遇困難者は収容施設内で職員のみならず、ほかの収容者との間でたびたびトラブルを起こし、少なくない職員がその対応に追われることになります。職員一人ひとりの目をしっかり行き届かせるためにも、仮放免できそうな人を放免する、あるいは監理措置に付しても大丈夫そうな人を監理措置に付すというように発想を転換し、収容すべき人だけを収容することが重要なのです。

資料④　強制送還者数の推移

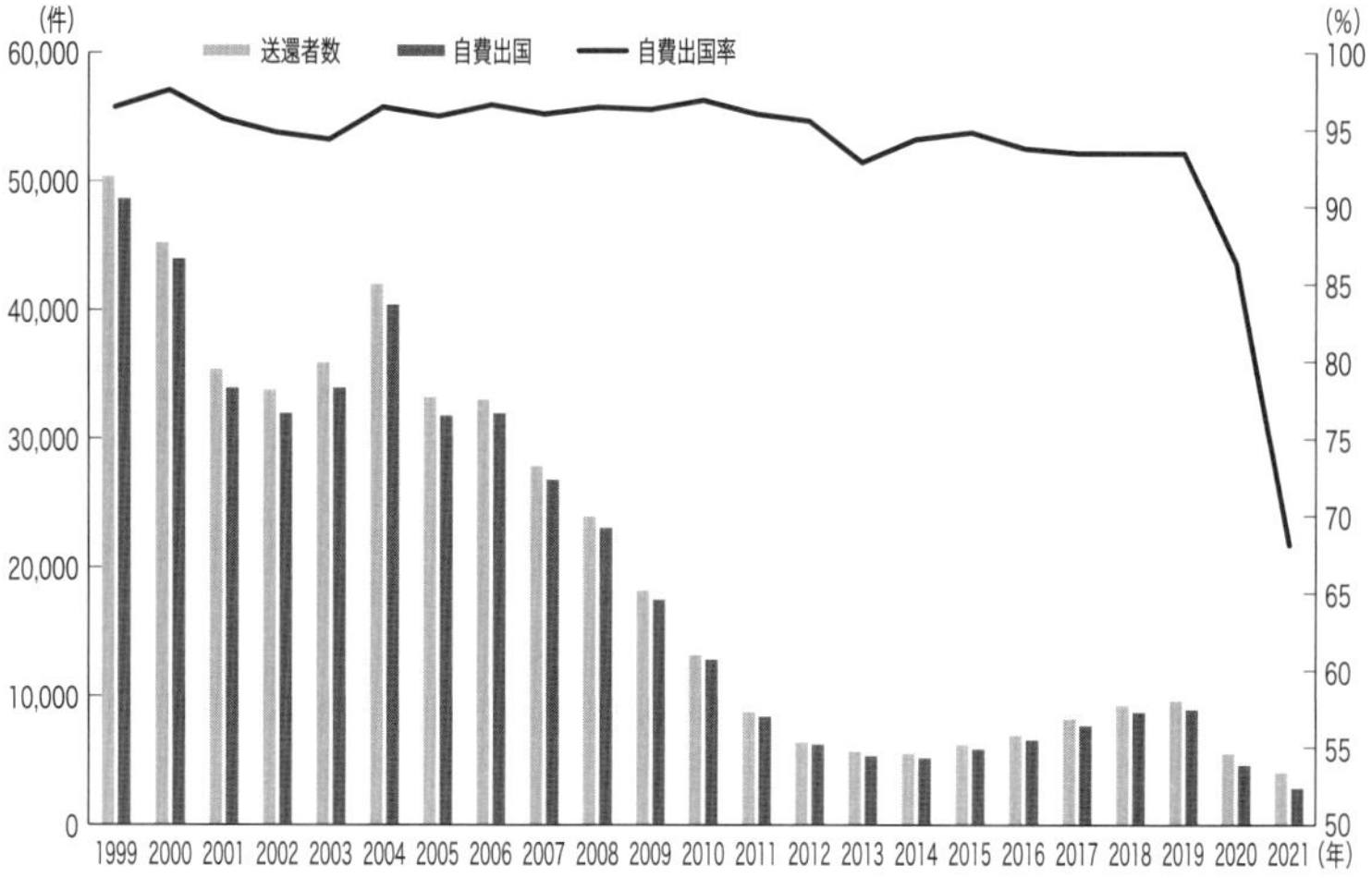

（法務省資料をもとに筆者作成）

※筆者注：2020年以降、自費出国率が低下しているのは、コロナ禍の影響で、自費によって帰国できない者が増え相対的に国費送還が増加したものと推察される。

自発的出国がしやすい環境作りを

これらの対策を行った上で、外国人の側にも送還に応じる義務を課すべきでしょう。入管法では、送還の義務は入国警備官（＝国側）に課せられており、外国人側に送還に応じる義務が課せられているわけではありません。外国人側に送還に応じる義務がないがゆえに、外国人側は「国には帰らない（帰れない）」と言えば、入管側は、「そんなこと言うのなら、ずっとここ（＝入管収容施設）に収容するぞ」と言う不毛なやりとりの繰り返しになります。

2023年の法改正で、主任審査官は、送還に協力しない国の出身者や、送還を妨害するような外国人に対して退去を命ずることができることとなりましたが、対象も限定されており、すべての退去強制対象者に義務を課すわけではありません。こうした入管収容の構造は、収容者と現場の職員の双方を疲弊させ何も生み出さないどころか、収容者の命までが失われることになりかねません。そこで、たとえば、原則として収容しないまま自主出国期限を設け、期限日までには帰国するような義務を課すのも一つの方法かもしれません。その上で、出国期限日までに出国しない人について、はじめて収容を検討するのです。

■デュープロセスの徹底と透明性の確保を

もっとも、「送還に応じる義務を課す」といっても、その大前提として、在留特別許可や難民認定の手続きの過程が透明化される必要があります。退去強制の前提となる在特の不許可や難民不認定の判断が不透明のままの現在のプロセスでは、「なぜ自分は強制送還されなければならないのか」「なぜ自分の在留は認められないのか」という疑問が解消されず、ただただ外国人側の反発を招くだけです。「納得感」がないままでは、ブラックボックスの中で双方の溝が深まり、お互いの関係性がさらに悪化してしまうだけでしょう。

さきほど90％以上の人たちは自主的に帰国していると紹介しましたが、帰国している人たちが、すべて納得した上で帰国しているわけではありません。中には日本に家族がいたり、深刻な事情を抱えていたりして、在留特別許可を求めたものの、それが認められず、裁判を起こすお金もなくて仕方なく帰っていく人たちもいます。

よく「90％以上の人たちは自主的に帰国しており、送還を拒んでいる人たちは日本にいなければいけない深刻な事情を抱えている人たち」という表現がされますが、それが、「90％以上の人たちは深刻な事情を抱えていない」という意味で語られているのであれば、それは明らかにミスリードです。自主的に帰国する人たち「すべて」が何の事情がないわけでも、送還を拒んでいる人たち「すべて」が日本に残るべき深刻な事情を抱えているわけでもないのです。

だからこそ、「すべての外国人」を平等に扱うという意味においても、在留特別許可はフェアに判断されなければならないし、送還に応じる義務は、あくまでも全件収容主義の見直しと退去強制手続などの透明化とセットでなくてはならないのです。

■信頼関係の構築を

ウィシュマさんに限らず収容者は、対入管との関係においてはとても弱い存在です。特に収容が長引けば長引くほどに、被収容者の不安とストレスは当然溜まるでしょうし、そんな中、自分に寄り添い、親身になって話を聞いてくれる支援者の存在は、まさに心の支えと言っていいでしょう。入管職員には話せないホンネや、心の悩みも支援者になら話せるという収容者も多いはずです。そして、ウィシュマさんのように支援者と接する中で、やはり国には帰りたくない、日本で暮らしたい、という願望を持つようになる人たちもいるでしょう。

ただ、収容者の願望を叶えるも叶えないも入管の判断に委ねられています。支援者と入管との間に情報の共有、意思の疎通があり、信頼関係がなければ、収容者の「願望」も入管に正確に伝わりませんし、誤解や偏見を生み出しかねません。そもそも収容者の願いを叶えることが難しいケースもあり、収容者の希望や要望を可能な限り実現させていく、あるいは本人の納得のいくかたちで別の方向を選択していくことが必要な場合もあるでしょう。このことは本人と支援者と入管とが「対立」ではなく「対話」によって信頼関係で結ばれ、協働してはじめて実現できる課題です。

第5章　難民鎖国と呼ばれるこの国で

1　移民と難民

上陸（入国）審査、在留審査、退去強制手続、難民認定という入管の柱となる4つの業務のうち、私が唯一従事したことがないのが難民認定手続きです。ですから、難民認定について私は経験に基づいたお話ができません。ただ、直接的にはタッチせずとも、たとえば退去強制手続の中で難民申請をする人や、入管の窓口で難民として申請したいという人たちと接することがあり、日本の難民認定システムには数多くの問題点があるという実感はありました。

■難民とは？

入管法第2条の3の2号は、「難民」を「難民の地位に関する条約（以下「難民条約」という）第一条の規定又は難民の地位に関する議定書第一条の規定により難民条約の適用を受ける難民をいう。」と定義しています。

つまり難民条約上の「難民」が入管法上の難民ですが、日本は1981年にこの難民条約に加盟し、82年には法律もそれまでの「出入国管理令」から「出入国管理及び難民認定法」に改められました。

難民条約1条a(2)は難民を次のように定義しています。

①人種、宗教、国籍もしくは特定の社会的集団の構成員であることまたは政治的意見を理由に

②迫害を受けるおそれがあるという十分に理由のある恐怖を有するために、

③国籍国の外にいる者であって、

④その国籍国の保護を受けることができない者またはそのような恐怖を有するためにその国籍国の保護を受けることを望まない者

平たくいえば、「人種や宗教等を理由として迫害を受けるおそれがあるため、国から逃れてきた人たち」が難民ですが、①から④のどれか一つでも欠けると条約上の難民には該当しないことになります。

■移民と難民

一方で「移民」という言葉があります。「移民」の正式な法的定義はなく、国際的には、1

年以上その国に定着している移住者を移民と呼ぶのが一般的なようですが、「難民」と「移民」は大きく違います。

誤解を恐れず一言で言えば、難民ではない外国籍（無国籍）移住者が移民です。つまり、「迫害のおそれ」があるのが「難民」、ないのが「移民」です。

そして、「移民」の受け入れは、「誰を入国させるかさせないかは国家の自由」という文脈のもと、基本的には国家の裁量に任されているとされていますが、「難民」はその人が難民条約の難民である以上、庇護されなければなりません。そこに裁量が働く余地はありません。

日本では難民認定手続に則り、最終的には法務大臣が難民の認定を行いますが、この認定はあくまでもその者が条約上の難民に該当するか否かの判断であって、法務大臣の裁量によって判断されるものではありません。難民は、法務大臣から難民と認定されたから難民となるのではなく、難民であるがゆえに、法務大臣から難民と認定されるのです。

■難民認定手続と退去強制手続

難民認定手続とは、文字通り、外国人がこの難民の地位に該当するかどうかを審査・認定する手続のことです。

一般の入管手続は、基本的に行政不服審査法の適用を受けないため、たとえその処分に不服があったとしても、外国人は不服を申し立てることはできません。例えば、退去強制手続や、正規滞在者の在留手続きでも、在留特別許可が認められず退去強制令書が出てしまったり、在留資格の更新や変更などが不許可となってしまうと、その処分に不服があったとしても不服を申し立てることはできず、裁判に訴えるしかありません。しかし、難民認定手続に限って言えば、入管内部で行われる「一次審査」で難民の認定が不許可となったとしても、不服がある場合は、法務大臣に対して審査請求をすることにより、「二次審査」を受けることができます（入管法第61条の2の9）。

この二次審査で法務大臣は、外部有識者である「難民審査参与員」の意見を聴かなければならない（入管法第61条の2の9第3項）とされています。参与員は2023年5月現在111人が委嘱されていて、その顔ぶれは、元検事や元裁判官、元外交官、弁護士やNGO関係者など、幅広い分野から選ばれています。通常、3人1組の常設班に分かれ、月に数回集まって審査をするとされます。参与員の意見は1通の「意見書」にまとめられ（参与員の意見・理由が異なる場合は各別に記載）、法務大臣に上げられます（資料①参照）。

ちなみに、難民と認定された外国人には、難民認定証明書が交付され、一定の要件を満たす場合には、「定住者」の在留資格が付与されて、本邦での在留が認められます。

オーバーステイ状態にある外国人など退去強制対象者は、基本的には強制送還されますが、難民の申請をすることは可能です。そして、難民申請中は申請者の送還は停止されます。

なお、たとえ難民として認められないとしても、法務大臣は「在留を特別に許可すべき事情

資料①　難民審査参与員制度のしくみ

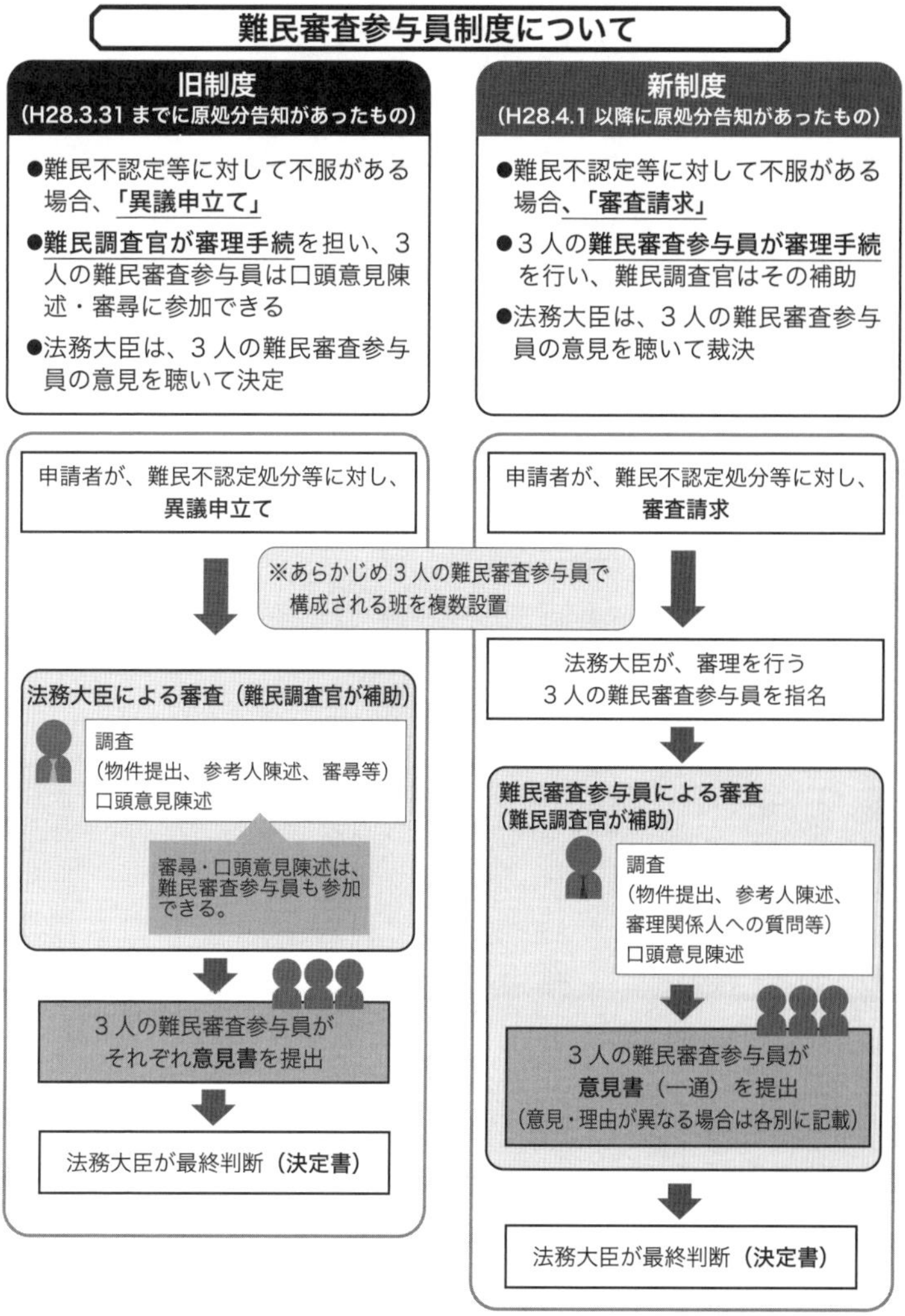
難民審査参与員制度について
旧制度
(H28.3.31 までに原処分告知があったもの)
●難民不認定等に対して不服がある場合、「異議申立て」
●難民調査官が審理手続を担い、３人の難民審査参与員は口頭意見陳述・審尋に参加できる
●法務大臣は、３人の難民審査参与員の意見を聴いて決定
新制度
(H28.4.1 以降に原処分告知があったもの)
●難民不認定等に対して不服がある場合、「審査請求」
●３人の難民審査参与員が審理手続を行い、難民調査官はその補助
●法務大臣は、３人の難民審査参与員の意見を聴いて裁決
申請者が、難民不認定処分等に対し、異議申立て
※あらかじめ３人の難民審査参与員で構成される班を複数設置
法務大臣による審査（難民調査官が補助）
調査
(物件提出、参考人陳述、審尋等)
口頭意見陳述
審尋・口頭意見陳述は、難民審査参与員も参加できる。
３人の難民審査参与員がそれぞれ意見書を提出
法務大臣が最終判断（決定書）
申請者が、難民不認定処分等に対し、審査請求
法務大臣が、審理を行う３人の難民審査参与員を指名
難民審査参与員による審査
(難民調査官が補助)
調査
(物件提出、参考人陳述、審理関係人への質問等)
口頭意見陳述
３人の難民審査参与員が意見書（一通）を提出
(意見・理由が異なる場合は各別に記載)
法務大臣が最終判断（決定書）

（入管ホームページより）

があるか否かを審査するものとし、当該事情があると認めるときは、その在留を特別に許可することができる」（入管法第61条の2の2第2項）と規定されており、現行制度では難民認定申請者については、退去強制手続ではなく、難民認定手続の中で在留特別許可の判断がされることになります。

2　難民認定率2%の現実

1639年、江戸幕府はポルトガル船の入港を禁止しました。鎖国の始まりとされています。それから400年後のいま、日本は難民鎖国と言われています。

■極端に低い日本の難民認定率

2022年、日本で難民認定申請した人は3772人でした。難民として認定されたのは202人。同年の難民認定率（難民認定数÷（「一次審査での難民認定数＋不認定数」＋「二次審査での難民認定数＋不認定数」）で計算）は1・95%でした。難民認定申請者100人のうち、認定されるのは2人以下。極端に低いと思われるかもしれません。しかし、これでも難民認定者数、認定率ともに過去最高で、難民認定者数が3桁となったのも、認定率が1%を超えたのもはじめてのことです。なお、難民申請者数と認定者数との比率と難民認定率が異なるのは、認定率の分母がその年の申請者数ではなく審査件数となるためです。

資料②　難民認定の各国比較（2021年）

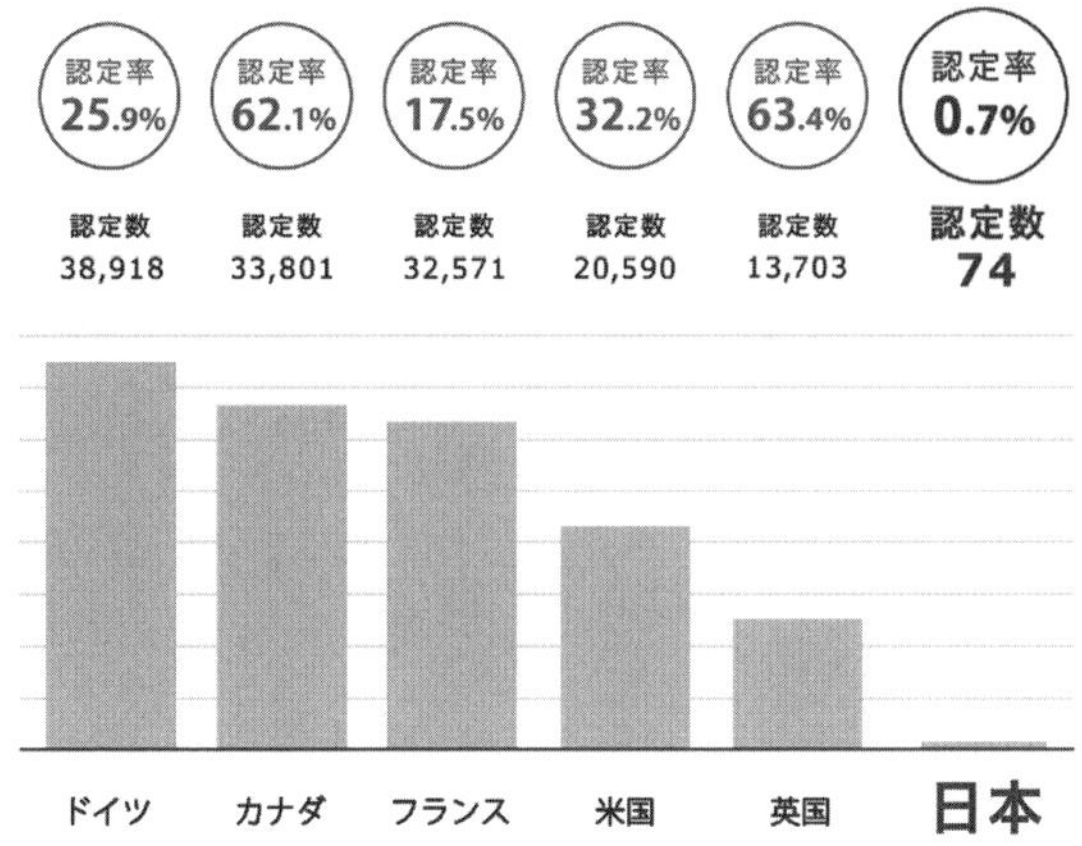

（出典：難民支援協会）

ちなみに、２０２１年、日本で難民認定申請した人は２４１３人。難民として認定されたのは74人。認定率は０・７％。コロナ前である２０１９年の難民認定申請者数は１万０３７５人で認定されたのは44人、認定率は０・４％でした。

一方、21年の先進国の難民認定率はイギリス63・4％、カナダ62・1％、アメリカ32・2％、ドイツ25・9％、フランス17・5％（資料②参照）で、各国により難民認定の仕方や認定率の算出方法に若干の違いがあるとされるものの、諸外国と比較して、日本の難民認定率は著しく低く、知人のある弁護士の表現を借りると、日本において難民として認められるのは、「蟻の穴より狭き門をくぐり抜けるようなもの」なのです。

ただし、２０２２年には、難民とは認定しなかったものの人道的な配慮を理由に在留を認めた者は1760人（一次審査1481人と不服申立て279人の合計）にも上っています。ただし、そのうちの9割以上の1682人はミャンマー情勢を踏まえてのミャンマー人の庇護で、ほかの多くの国々の出身者の前には、相変わらず「狭き門」が立ちはだかっています。

■難民申請者に課せられた高い立証ハードル

難民認定申請者は、自分が難民であることについて、自ら立証することが求められます。他国と比べて日本の難民認定率が低い原因と言われているのが、この申請者に課せられた立証ハードルの高さです。

迫害から逃れてくる難民が、自分自身が難民であることを証明することはとても難しいことです。自分が迫害されている場面を写真やビデオで写して証拠として持っている人などほとんどいないでしょうし、申請者の中には家族に危害が及ぶことを心配して、証拠書類をすべて焼却してから逃げる人もいるといいます。物的証拠が乏しければ、口頭で自分が難民であることの説明や主張をするしかありませんが、供述に変遷があったり、供述の裏付けとなる証拠が少ないと、信ぴょう性がないとして扱われ、国際的なスタンダードである「疑わしければ申請者の利益に」という「灰色の利益」は、日本ではなかなか認められないといわれています。

また、「個別把握論」という日本独特の解釈も、日本の難民認定率が低い一因だと言われています。これは政府からその人が個別に把握され、狙われていなければ難民とは認めないという解釈です。このため日本では、たとえば、○○民族だから、△△教だから、あるいは反政府グループのメンバーに属しているだけでは難民として認定されず、その民族や宗教、グループの主導的立場にあって個別的に自国の政府等から目をつけられている人でないと、なかなか難民として認められないと言われています。

■緊急避難としての難民申請

一方、入管側は、難民認定は難民審査参与員の意見等も踏まえた上で公正・公平に行われており、難民申請者の多くはもともと難民条約上の「難民」には該当せず、強制送還を逃れるため、あるいは日本で働くことを目的に難民認定制度を「誤用・濫用」していると主張しています。

２００４年の入管法改正で、難民認定手続中は送還を停止するという条文が加わりました。これは、難民を紛争地に送り返さないという「ノン・ルフールマンの原則」に基づくもので、手続の結果次第ではその人が難民であると認定される可能性があるため、退去強制令書が出されていたとしても、難民認定申請をしている限りは、入管は送還することができません。

しかも難民認定申請は不認定になったとしても繰り返し申請ができるため、その人が繰り返し難民申請をする以上、入管はいつまでたっても送還することはできません。入管にしてみたら、難民申請をされてしまうと、もう手も足も出なくなってしまうわけで、このため、入管は何とか難民認定申請を思いとどまらせようとするわけです。

実際、私も横浜入管の審判部門に勤務していた頃、在留特別許可が認められず、退去強制令書が発付された途端に、突如、難民であると主張する人たちの対応に当たったことがあります。もっとも、難民認定制度の趣旨を丁寧に説明すれば、大半の人たちは難民申請には及びません。しかし、それでも、入管が下した強制送還の決定にどうしても納得がいかない一部の人たちは、たとえ難民でないにしても、目の前に迫る強制送還を取りあえず避けるために、緊急避難的、自己防衛的に難民申請を行おうとします。入管職員はそのような人たちの難民申請を止めることはできません。このような難民申請をさせたくない入管側と、難民申請をしなければ強制送還を免れることができない外国人側の攻防は、お互いの不信感を高めるだけで、終わりが見えません。

■難民申請者に対する就労の容認

また、難民認定手続には時間がかかるため、その間の難民申請者の生活維持を目的として、2010年からは、正規在留者が難民認定申請をすると、原則として6カ月後から働くことができるようになりました。これによって、たとえば、90日の観光ビザで入国した外国人が在留期限中に難民認定申請を行うと、6カ月後には仕事ができるようになりました。そして、これ

資料③　日本の難民認定者数推移

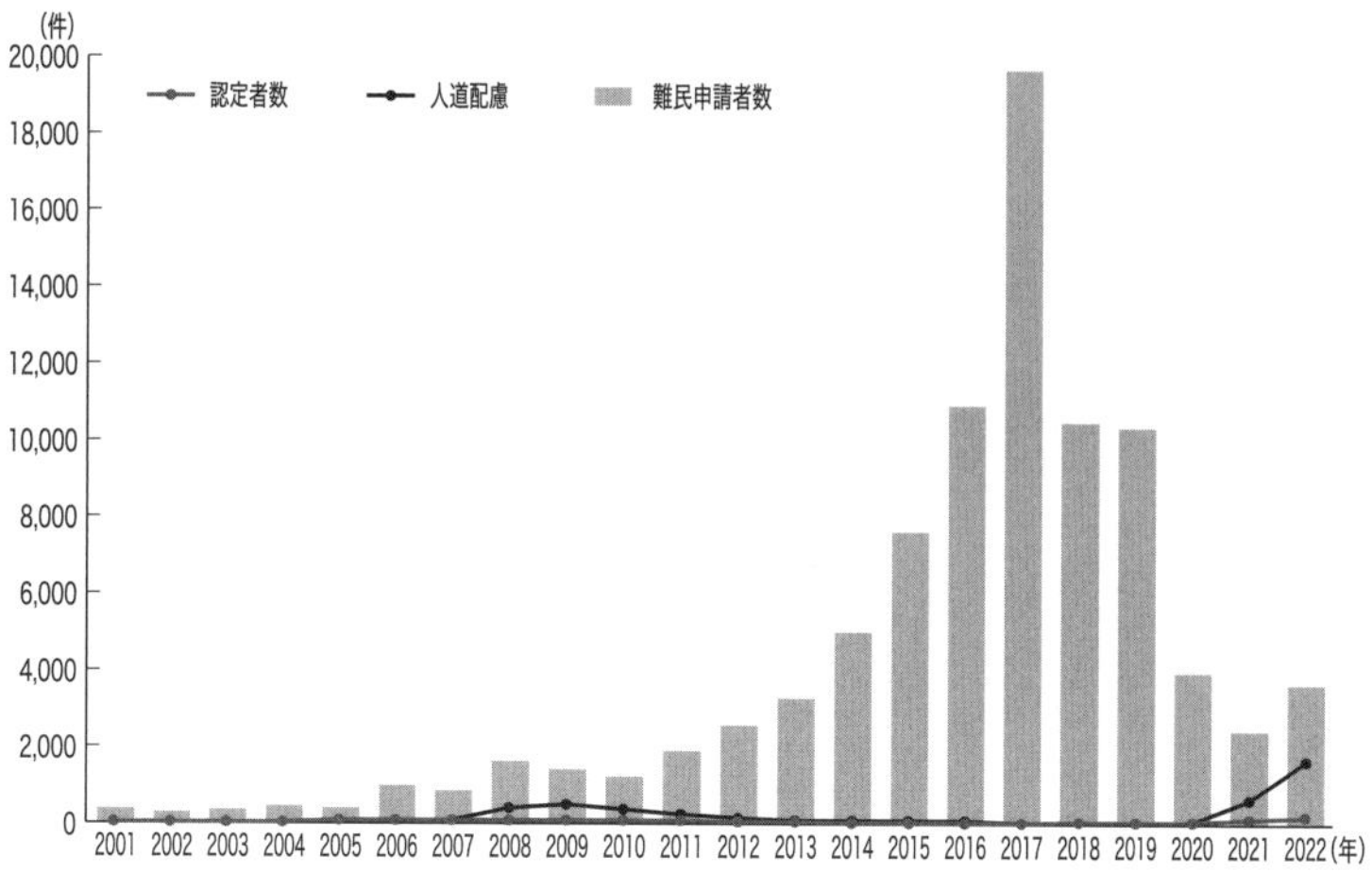

（出典：難民支援協会）

が外国人の間でＳＮＳであっという間に広がり、難民ではないにもかかわらず、仕事をするために難民申請をする人が急増したのです。

ただし、２０１８年には入管の運用が見直され、６カ月後の就労要件が厳格になりました。その結果、難民認定申請はそれまでの半分近くに減りました（資料③参照）。これは一見すると、難民申請者の多くは、実は就労目的で「難民性を有していなかった」という裏付けにもなりそうですが、だからといって彼ら彼女らに「誤用者」「濫用者」というレッテルを貼って、一概に「けしからん者たち」として扱うことは、果たしてフェアでしょうか。

■「難民ビザ」を求める人々

2012年頃から2015年頃までの間、私は週に2～3回、横浜入管の相談窓口に立っていろいろな相談を受け付けていました。その際、多くの外国人が「難民ビザ」を求めてやって来ました。「ところで、あなたは難民?」と尋ねると、「借金取りに追われて逃げてきた」とか、「近隣とのトラブルで命を狙われている」とか、おおよそ難民とは言い難いような理由を述べる人たちが多くいたのは事実で、中には「本当は難民ではないけれど、『難民ビザ』をもらって働きたい」と正直に答える人もました。また、ブローカーと思しき人物が日を変えて何人もの「難民申請者」を引き連れてやってきました。彼ら彼女らの多くが日本の難民、移民の仕組みについてほとんど知識を持たずに、とりあえず日本に入国すれば何とかなると考えているようでした。

もちろん、そういう人たちばかりではありませんでしたが、少なくない人たちが、難民手続制度は難民のためにある、という当たり前のことを知らずに、ただ日本には「難民ビザ」という合法的に働けるビザがあるという噂を頼りに、すべてを投げ出して日本に来ていました。そして、いまさら国に帰ることもできず、慌てて取り繕ったり、前言を撤回し難民だと主張するのです。

ただ、彼ら彼女らの中には、合法的に働きたい、日本の法律を犯したくないという気持ちがあり、そこに勘違いはあったとしても、悪意はなかったように思います。もちろん、悪意がないからいいというわけでもないでしょうが、ある制度を導入し、それが本来的な使われ方をされなかったといって、それを使った側のみを「濫用的」「誤用的」と一方的に責めるのはフェアではないし、濫用の防止策や、濫用・悪用があった場合の対応策をきちんと検討することもなく運用を開始した政策の失敗も当然問われて然るべきでしょう。「偽装難民問題」は、一方の責任を棚上げにしたまま、他方に全面的に責任を押し付けても、ただただ反発を招くだけで、問題の解決にはならないことは明らかです。

3　国家を持たない民族クルド人と難民認定

クルディスタン（Kurdistan ＝クルド人の土地）と呼ばれるトルコ、シリア、イラン、イラクなど中東の国々の山岳地域を中心に暮らすクルド民族は、「国家を持たない最大の民族」と呼ばれています。この地域に暮らす２０００万人とも３０００万人ともいわれているクルド人たちは、自治を求め、それぞれが居住する国の政府との間でさまざまな軋轢が生じ、時には武力闘争を繰り広げてきました。

居住している社会での差別や弾圧などで、国外に脱出するクルド人も多く、世界の国々が彼ら彼女らを「難民」として受け入れ、庇護しています。クルド人難民が大半を占めるトルコ出身者の２０１９年の主要受入国の難民認定数と難民認定率は、ドイツ５２３２人（33・

資料④　トルコ出身者の難民認定数（2019年）

	難民認定数	決定数	難民認定率
ドイツ	5,232	11,567	33.8%
米国	1,400	1,627	41.3%
フランス	888	3,238	36.7%
カナダ	2,011	2,094	73.7%
英国	761	1,049	51.6%
日本	0	871	0.0%

決定数＝難民審査の結果が出た年間の人数

（出典：難民支援協会）

8％）、カナダ2011人（73・7％）、アメリカ1400人（41・3％）イギリス761人（51・6％）となっています（資料④参照）。

■たった一人のクルド人難民認定者

日本でも多くのクルド人が暮らしています。特に東京都の県境近くの街、埼玉県川口市・蕨市周辺には多くのクルド人が暮らしており、その多くが難民申請者です。ワラビスタンという呼び名があるほどで、近年話題となった映画『東京クルド』（日向史有監督、2021年）や『マイスモールランド』（川和田恵真監督、2022年）の舞台となったのもこの地域です。

しかし、日本では2022年8月に、トルコ国籍のクルド人男性が難民として認定されるまで、クルド人が難民認定されることはありませんでした。この男性は日本初のクルド人難民認定者となったわけですが、入管が自ら進んで難民として認定したわけではありません。22年5月に札幌高裁でこの男性に対する難民不認定処分が違法との判決が下されたことから、それを受けて入管はこの男性を「渋々」難民認定したのでした。

実は、クルド人に対する難民不認定処分が違法であるとの判決は、この男性のケースがはじめてではありません。ただ、いくら裁判所が難民の不認定を違法としても、入管は頑として難民としては認定せず、「人道上の理由」による在留特別許可で在留を認めるという形を取ってきました。裁判所がどんな判決を確定させようが、クルド人が「難民」として日本で暮らすのは認めない、法務大臣の温情という形でしか彼ら彼女らの在留を認めないというのが、これまでの入管＝国側の姿勢だったわけです。

入管＝国が、クルド人を難民として認めようとしない理由の一つとして、よく言われているのが、トルコ政府と日本政府との関係性です。長く友好関係にある日本政府がトルコ政府と対立関係にあるクルド人を難民として認めてしまうと、両国の関係性にひびが入りかねないというものです。トルコ政府への遠慮と忖度と言ってもいいかもしれません。

もっとも、外交というのは一筋縄ではいかず、難民の受け入れにしても、各国のさまざまな思惑の中できれいごとだけでは済まされない部分はあるでしょう。ただ、そうだとしてもクルド人に限らず、難民を受け入れようとしない日本政府のこれまでの姿勢は、国際社会からも厳しい視線にさらされていますし、国内でもウクライナからの避難民は積極的に受け入れているのに、ほかの地域から来る難民はほとんど受け入れようとはしない日本政府の姿勢には疑問の声が上がっています。

入管が、これまでの方針を一転させて、札幌高裁の判決を受けてクルド人をはじめて難民として認定したのも、このような内外からの厳しい視線を無視するわけにはいかないという判断が働いたというのは、想像に難くありません。社会的な関心が入管の施策を変えたといってもいいでしょう。

■「早く国に帰ってよ」と言われても

『東京クルド』の主人公であるオザンやラマザン、あるいは『マイスモールランド』のサーリャのように、子どもの頃に親に連れられて日本にやってきたクルド人たちは少なくありません。しかし、彼ら彼女らは難民としては認められず、多くは在留資格もないまま、仮放免という不安定な立場で日々を送っています。

『東京クルド』のワンシーンのように、彼ら彼女らは入管に出頭するたびに職員から「早く国に帰ってよ」「他所の国に行ってよ」と言われますが、幼くして親に連れられて日本に来て、日本以外に国はなく、いまさらどこにも行けないことなど入管職員だって百も承知なのです。分かっていてもほかに言うべき言葉もなく、ただただそのように言うしかないだけなのです。

現場で働く入管職員のためにも、日本の難民認定システムは一から見直す時期に来ている気がしてなりません。

■国会で意見を述べた元仮放免者

２０２３年5月25日、入管法改正案をめぐる参院法務委員会で、一人の元仮放免者が参考人として意見陳述を行いました。

声を詰まらせ涙を浮かべ「今日、かつての私と同じ立場で、いまも苦しんでいる大勢の子どもたち若者たちのために、勇気を出してここに来ました」と話すその人は、９歳の時に来日し25歳となったドキュメンタリー映画『東京クルド』の主人公の一人ラマザン氏でした。

ラマザン氏は、２０２１年に８つ年下の弟とともにようやく在留特別許可が認められましたが、在特をもらった時の心境は複雑だったと言います。彼には日本で生まれた妹がいましたが、「一番与えられるべき」妹には在特が出ませんでした。そのため、両親と妹は、いまも難民申請を繰り返しており、改正入管法案が通れば、いつ送還されるかもしれず、「一家がバラバラになるのではないかと、とても不安で怖い」と言います。

たしかに、ある者が難民であるかどうか、それを判断するのは、支援者でも、ましてや本人たちでもありません。ただ、他の国ではかなりの確率で難民として認められているトルコ国籍のクルド人たちが、査証の取得が不要で「渡航しやすい」日本に来て難民として認定されないばかりか、同じ家族、兄弟姉妹の中でも、在特がもらえる者と、もらえない者に分断される。この現実は、間違いなく現代日本の一つの「縮図」です。

4　難民審査参与員制度の限界

難民認定手続は、ほかの入管手続と違って、行政不服審査法に基づく審査請求手続ができ、難民審査参与員制度によって最終判断に第三者の意見も考慮される仕組みにもなっています。その意味では、ほかの入管手続に比べれば、透明性も高く、第三者が関与、コミットする点においては一応の公正性もあるとは思います。しかし、それでも、難民申請者の側から見れば、難民審査参与員もやはり入管によって選ばれた「入管側の人間」であり、出入国管理を主たる業務とし、基本的に「難民認定申請をさせたくない」というマインドを持っている入管が、果たして、難民の保護を真剣にやるのだろうかという疑念はついて回るでしょう。

その疑念がさらに強まると思われるような事実が、改正入管法案の審議の過程で明らかになっていきました。

■参与員の審査件数の偏り

2023年6月9日、入管法改正案が成立しましたが、その国会審議の過程において、これまであまり知られていなかった難民審査参与員制度の実態の一端が明らかになりました。

入管庁が明らかにしたところによれば、難民審査参与員で難民支援NPOの名誉会長（当時）でもあった柳瀬房子氏の難民審査（二次審査）における審査処理件数は21年が1378

資料⑤　柳瀬氏の発言部分抜粋

- 参与員が、入管として見落している難民を探して認定したいと思っているのに、ほとんど見つけることができません。
- ほかの参与員の方、約百名ぐらいおられますが、難民と認定できたという申請者がほとんどいないのが現状です。
- 観光、留学、技能実習などの正規のビザで入ってきた後に、本来の目的から外れた段階で難民申請をするケースや、また、中には、不法滞在や犯罪で退去強制手続に入ってから難民申請するケースも多く（後略）
- 難民の認定率が低いというのは、分母である申請者の中に難民がほとんどいないということを、皆様、是非御理解ください。

（入管庁作成資料「現行入管法の課題（令和５年２月）」より抜粋）

件、22年が１２３１件でした。取り下げを除いた不服申立処理件数は21年が６７４１件、22年が４７４０件でしたので、これは全体の20・４％（21年）、25・６％（22年）に当たることとなります。

柳瀬参与員は２０２１年4月「２０２１年法案」が審議されていた衆議院法務委員会に参考人として出席し「入管として見落としている難民を探して認定したいと思っているのに、ほとんど見つけることができません」、「難民の認定率が低いというのは、分母である申請者の中に難民がほとんどいないということを、皆様、是非御理解ください」などと発言。その発言は、２０２３年法案にかかる入管庁作成資料「現行入管法の課題（令和5年2月）」にそのまま引用されるなど（資料⑤参照）、難民申請者の中に難民がほとんどいないとする入管側の主張の有力な後押しとなっていたことから、立憲民主党等の野党はこれを追及しました。

入管資料によれば、２０１８年から２０２２年までの

資料⑥　２次審査における処理件数・難民審査参与員１人あたりの平均処理件数

年	不服申立処理数	理由なし（不認定）	理由あり	取り下げ	参与員１人あたり年平均	同・月平均	平均処理期間
2018	8171	6013	4	2154	220.8（162.6）	18.4（13.6）	18.0 月（13.2 月）
2019	8291	6021	1	2269	224.1（162.8）	18.7（13.6）	17.9 月（17.0 月）
2020	6475	5271	1	1203	175.0（142.5）	14.6（11.9）	26.8 月（25.4 月）
2021	7411	6732	9	670	200.3（182.2）	16.7（15.2）	20.9 月（32.2 月）
2022	5232	4725	15	492	141.4（128.1）	11.8（10.7）	13.3 月（33.3 月）
5年平均	**7116**	**5752.4**	**6**	**1357.6**	**192.3（155.6）**	**16.0（13.0）**	**19.4 月（24.2 月）**

※参与員１人あたりの処理平均値は難民審査参与員数 111 名（3 人 1 組 37 組）として算出。
※参与員１人あたりの平均値は取り下げを含む不服申立処理件数から算出したもの。括弧内は不服申立処理件数から取り下げを除した平均値。
※平均処理期間の括弧内は１次審査における平均処理期間。
※「理由あり」はすべて人道配慮によるもの。
※ 2019 ～ 2022 年の不服申立に対する裁決にあたり、法務大臣が参与員の多数意見と異なる判断をしたことはないとされる。
（入管資料「平成 30 年～令和４年における難民認定者数等について」に基づき筆者作成）

５年間の二次審査における不服申立ての平均処理件数は年間７１１６件。３人１組で審査に当たる難民審査参与員１１１人の１人あたりの年間平均処理件数は１９２・３件となり、月平均16件を処理する計算になります（資料⑥参照）。

つまり、１１１人の参与員に均等に案件を振り分けるのであれば、１人の参与員が担当する案件数は年間平均１９２・３件（月間16件）ですが、実際には柳瀬参与員のように年間で１０００件を超える案件を担当する参与員もおり、２０２３年５月25日に参議院法務委員会で参考人として発言した難民参与員の浅川晃広氏も、10年で約３８００件を処理したといい、年間で１０００件処理した時もあったと述べています。一方で、全国難民弁護団連絡会議（全難連）が、難民審査参与員を務める弁護士10人を調査したところ、審査件数は年平均36件。このように一部の参与員に偏って案件が配分されている実態が垣間見えてきたのです。

■入管が握る「分配の裁量権」

2023年6月8日付の「毎日新聞政治プレミア」によれば、難民審査参与員である中央大学の北村泰三名誉教授は、最初の5年間で参与員3人で一致して難民として認定すべきだという意見書を出したのは1回しかなかったそうです。21年度以降はチームの構成が変わり、3人で一致した意見書を出すことが多くなり、難民として認定すべきだという意見書を3割程度、人道的配慮による在留特別許可を入れると4割ぐらいは出していたとのことです。すると、22年度から、それまで月2回、計4件だったのが、突如として、月1回しかも1回あたり1件しか配分されなくなったそうです。入管からは何の説明もなかったと言い、北村参与員は「難民として認定すべきだという意見書を頻繁に出すと担当件数を減らされるということか」と感じたと言います。

伊藤敬史弁護士も、23年5月30日の難民審査参与員ら6名の記者会見において、21、22両年度で計49件の審査を行い、そのうち、難民認定をすべきとしたのが9件（18・4％）、人道上配慮のための在留特別許可を出すべきだとの意見書を出したのは8件（16・3％）あったといいます。しかし、納得できる説明をされないまま、22年度後半からは、割り振られる審査が半減したと言います。

入管は案件の配分は公平に行っていると言いますが、これらの証言から、少なくとも、入管は、誰に何件、どのような案件を振り分けるのかという「分配の裁量権」を握っていて、それによって間接的に難民認定の「結果」をコントロールすることができるという実態が浮き彫りになってきました。

難民審査参与員を務める有識者はそれぞれの分野で高い見識を有しているにしても、必ずしも難民事情に精通している専門家とは限りません。12年から10年間参与員を務め、22年に自ら辞任した阿部浩己明治学院大学教授は、そのような参与員が、研修もされないまま、「疑わしい人は入れてはいけない」という水も漏らさぬ国境管理の入管に入っていったら、ますます、「入管の制度的な文化」に染まっていき、結局、参与員は「入管の結論を正当化する役割になっていく」（2023年2月24日付、朝日新聞デジタル）と述べています。そして、この「入管の結論を正当化」するために機能しているのが、まさに入管が握る「分配の裁量権」なのです。

■「分配の裁量権」と「書面審査」

もっとも、非常勤である難民審査参与員が申請者一人ひとりから丹念に事情を聴き、水も漏らさぬ審査を1件ずつ丁寧にやろうとすれば、審査には膨大の時間を要するはずです。かりに、月4件、年間約50件を１１１人の参与員に公平に分配するとすれば、年間で処理できる件数は１８５０件で、これまでの３分の１以下のペースとなり、ただでさえ1年半から２年はかかるとされる２次審査がさらに延び、いつまでたっても結果が出ないことになるのは明白です。これでは、「真の難民」はいつまでたっても保護されません。

そのため、二次審査では明らかに難民とは認められないようなケースに関しては申請人から直接話を聴く「対面審査」を実施せず、書面だけで審査を行う「書面審査」が行われ、２０１６年からは通常の審査を行う「常設班」の他に、書面審査を専従的に行う「臨時班」が設けられたといいます。この臨時班メンバーは難民参与員として「経験豊富な人」が中心となって編成されるとのことで、浅川参与員によれば、臨時班では1日で50件くらいの審査が可能ということでした。ちなみに柳瀬参与員もこの臨時班への応援が多かったといいます。

難民性の薄い案件については「書面審査」を行い難民審査の迅速性を高め、それ以外については「対面審査」を行い、真の難民を救うべく丁寧な審査を行う、それ自体は否定すべきではないでしょう。しかし、その案件の振り分けがあらかじめ入管によって行われ、さらに書面審査を中心に行う「臨時班」のメンバーの選定も入管が行うというのであれば、入管の意向に沿った人物を入管の代弁者として臨時班の参与員に据え、難民不認定という一次審査の結果を追認させようとしているのではないか、という疑念がどうしても生まれます。

また、２０２３年３月15日には大阪地裁で同性愛者のウガンダ人女性に対する難民不認定と退去強制の決定が違法であるとの判決が下されました。この女性は二次審査で参与員との対面審査を求めていたにもかかわらず、「申述書に記載された事実その他の申立人の主張に係る事実が真実であっても、何らの難民となる事由を包含していない」として、書面審査のみで不認定処分となっていました。しかし、裁判所は女性の主張は事実だとして難民と認めたのです。書面審査が「審査」とは名ばかりの、不認定にするための「作業」になっているのであれば、スクリーニングのあり方を一から見直す必要があるでしょう。

私は柳瀬参与員や浅川参与員が入管の代弁者だとは思いませんし、長年、難民支援に携わってきた柳瀬参与員の「入管として見落としている難民を探して認定したいと思っているのに、ほとんど見つけることができない」という発言に嘘があるとは思えません。

ただ、柳瀬参与員が難民認定すべきだとの意見書を出したのは「約４０００件のうち６件」（２０２３年４月13日付、朝日新聞による取材の返答）、浅川参与員も「約３８００件のうち人道配慮事案が１件あったのみ」（２０２３年５月25日、参議院法務委員会における答弁）だったそうです。

これは、21年は人道的配慮による在留特別許可を入れると４割ぐらい難民認定すべきだとの意見書を出した前出の北村参与員、あるいは２年間で49件の審査を行い、そのうち、人道的配慮による在留特別許可を入れると17件難民認定すべきだとの意見書を出した伊藤参与員、さらには10年間で４００〜５００件くらいに関わり40件足らずのケースで認定するべきだという意見を出した阿部元参与員（２０２３年2月24日付、朝日新聞デジタル）とは、大きな隔たりがあるのは事実です。

そして、この隔たりはいくら入管が公平性を強弁しても、端から見れば、入管が難民認定を出そうとしない参与員に恣意的に案件をたくさん振り分けているようにしか、映らないと思います。

■難民審査の独立の必要性

難民認定率1％未満（２０２２年は1・95％）という数字は、確かに諸外国に比べて低いです。ただ、国を取り巻く情勢や、難民に対する国民感情も異なる中で、単純な数字の比較を論拠に、日本はもっと難民を受け入れるべきだというのも、あまり説得力はないでしょう。また、難民のハードルを下げ、難民をより積極的に受け入れるにしてもそれについて国民的理解が得られるかは大いに疑問です。問題は数字それ自体ではなく、その数字に説得力があるかどうかです。ただ、難民申請者に対して疑いの眼を向け、難民申請自体に否定的な姿勢の入管が難民手続きを担当し続ける以上、また、難民審査参与員制度もブラックボックスの中にあることが露呈した以上、その数字が説得力を持つことは難しいような気がします。

難民認定は、入管ではなく、独立した第三者機関に任せるべきだという意見は、以前より難民支援に携わる多くの団体や個人から言われていることです。

さまざまなハードルはあるかもしれませんが、これは真剣に検討されるべきことでしょう。もっとも、これによって直ちに難民認定率が跳ね上がるとか、難民認定を取り巻く状況が激変するとかそういうことはないかもしれません。難民事情に精通している専門家の数自体がもともと少ないですし、独立した第三者委員会ができたとしても、そのメンバーの多くは難民審査参与員からスライドしてくる可能性もあります。しかし、そうだとしても「入管ではない組織」がコミットすることが重要であって、入管が難民認定の最終判断権を握っている限り、いつまでたっても難民申請者の不満は解消されないのではないか。私はそう思っています。

5　東京高裁違憲判決

入管庁によれば、2018年から2022年までの5年間、難民関連訴訟の判決は109件あり、うち104件（95%）は国側が勝訴しているとのことです。

正規滞在者の在留の可否判断や、非正規滞在者の在特判断とは異なり、難民の認定は裁量で決まるものではないため、裁判所はその者が難民であるかどうかを一から事実認定していくことになります。ですので、国側が勝訴したということは、裁判所も法務大臣と同様、その者を難民として認めなかったということに他なりません。

ただ、その一方で、難民申請者にかかる手続きの適正さについて、裁判所は国に厳しい判決を下しています。

「裁判を受ける権利」を侵害するもの

２０２１年9月22日、東京高裁は、入管のある対応を「違憲」とする判決を下しました。

この事件は仮放免中だったスリランカ人男性（難民申請者）２名に対して入管が、難民認定の異義申立の棄却が1カ月以上も前に決定されていたにもかかわらず、仮放免の出頭日に仮放免の延長不許可と申立の棄却を同時に告知。そのまま2人を収容し、実質的に弁護士に連絡させることもさせず、出頭から20時間もたたないうちに、チャーター機によって送還したというもので、この措置の違法性・違憲性が問題とされたものです。

東京高裁は、入管の対応に違法性・違憲性はないとした一審判決を覆し、一連の措置は「難民該当性に対する司法審査を受ける機会を実質的に奪ったもの」で、裁判を受ける権利（憲法32条）を侵害するものであるとして、違憲であると断じたのです。国側は上告せず、この判決は確定しました。

長い入管行政の歴史の中で、違憲判決が確定するのは極めて稀なことです。

違憲判決に先立って下された名古屋高裁違法判決

この違憲判決に先立つ２０２１年1月、２０１４年12月に、東京高裁の原告２人と同じチャーター便で強制送還された別のスリランカ人男性の国賠訴訟の判決がすでにあり、名古屋高裁は入管の対応は違法とする判決を下しています。

これにつき一審の名古屋地裁は、チャーター機で即刻送還された原告について、入管法は難民認定の申請者を日本にいる外国人に限定しているため、送還されれば訴訟提起はできなくなるにもかかわらず、入管職員が、原告がスリランカに送還されてもなお訴訟を提起することが可能であるかのような誤った教示を行ったことは、「公務員たる入国警備官が職務上通常尽くすべき義務を尽くさなかったことにほかならない」として国に賠償を命じました。

続く二審の名古屋高裁は、より踏み込んで、「難民不認定処分に対する異議申立てをした被退去強制者は、異議申立てを濫用的に行っている場合は格別、異議申立棄却決定後に取消訴訟等を提起することにより、難民該当性に関する司法審査の機会を実質的に奪われないことについて法律上保護された利益を有すると解するのが相当」と判決を下しています。

ただし、「異議申立てを濫用的に行っている場合は格別」という留保がつけられており、一審、二審ともに入管の対応は違法であるとするものの、違憲とまでは判断しませんでした。

■裁判所から入管への喝！

しかし、2021年9月の東京高裁判決は、留保することなくこのような入管の行為は「裁判を受ける権利」を侵害するものであり「違憲」であると断じたのです。

「難民該当性の問題と難民不認定処分について司法審査を受ける機会の保障は別の問題であり、当該難民申請が濫用的なものであるか否かも含めて司法審査の対象とされるべきである」と判決文にはあります。

このように、ついに東京高裁が「難民申請が濫用的なものであるか否かも含めて司法審査の対象とされるべきである」とはっきり言い切ったその背景には、難民の認定でさえも、あたかも入管の裁量で決まるかの如くの入管のおごりに「喝」を入れ、マクリーン判決以来、40年以上ずっと言いたくても言えなかった「おい、入管！　裁判所を軽んじるのも、たいがいにせよ！」という裁判所の鬱積があったのではないかと感じるのは、果たして穿った見方でしょうか。

6　ウクライナ戦争と難民問題

２０２２年2月24日、ロシアはウクライナへの本格的な軍事侵攻を開始しました。侵攻開始後、世界のメディアはウクライナの民間施設が爆撃され、多数の民間人に死傷者が出ている状況を連日報道しています。戦争の行方がいまだ見えないどころか、情勢はますます混迷を極めています。

国連難民高等弁務官事務所（ＵＮＨＣＲ）の報道官によれば、戦禍を逃れて隣国のポーランドなどの隣国へ避難したウクライナの人たちは、２０２２年12月現在で１６００万人を突破したとされ、これはシリア内戦の680万人をはるかに上回る数です。ウクライナの総人口が、約4200万人ですから、実に3人に1人以上の人たちが国外に避難しているということになります。

■ウクライナ難民の「避難民」としての受け入れ

隣国のドイツやポーランドをはじめ欧州各国は、侵攻直後から避難民の積極的な受け入れを開始、日本も、侵攻から1週間後の3月2日には岸田文雄首相が受け入れを決め、4月5日には、総理大臣の特使としてポーランドを訪れていた林芳正外務大臣の帰国に合わせて、自力で渡航手段を確保することが困難な20人が、政府専用機の予備機に乗って日本に到着しています。

2023年6月末の時点で、各都道府県などが受け入れたウクライナの「避難民」の総数は2460人にも上ります（資料⑦参照）。ただ、この人たちが「難民」として受け入れられているのかというと、実はそうではありません。日本政府はこれらの人たちを、人道上の配慮から受け入れ、日本での在留を認めていますが、「避難民」という扱いにしているのです。難民条約上の「難民」とは異なり、法によって規定されたものではないのです。

日本政府は他国からの軍事侵攻を理由に避難してきた人は、難民条約上の難民には当たらないと解釈していますが、「難民」と同等に保護すべきとの声も根強く、2023年の入管法改

資料⑦　ウクライナ避難民月別受入推移

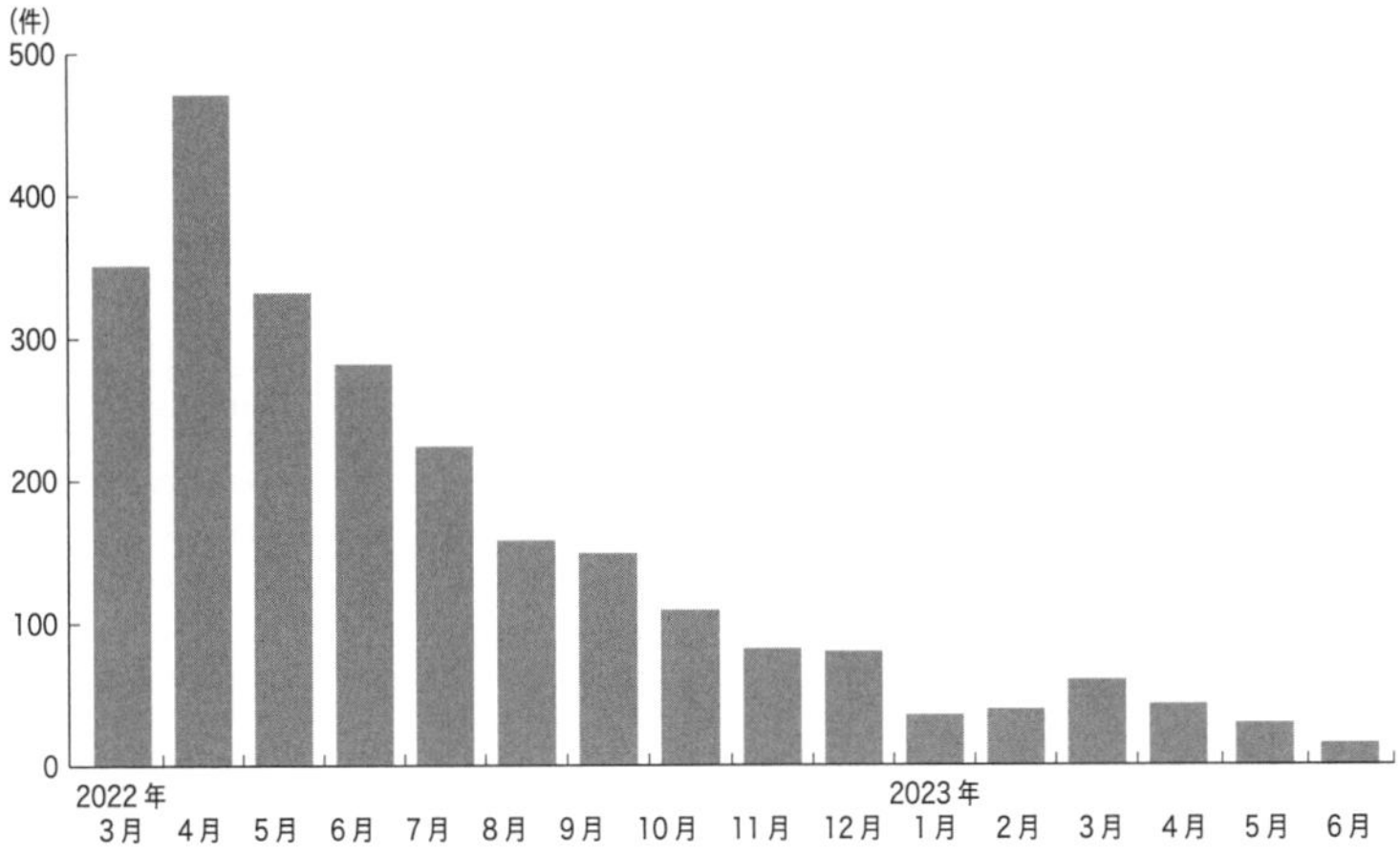

（法務省資料を基に筆者作成）

正で、「補完的保護」が新たに設けられました。

難民条約第1条a(2)で「人種、宗教、国籍もしくは特定の社会的集団の構成員であることまたは政治的意見」を理由に、迫害を受けるおそれがある者が難民と定義付けられているため、ウクライナ避難民のような紛争や戦争を逃れてきた人たちは難民とは認定できないとして、難民条約に列挙されている「人種、宗教、国籍もしくは特定の社会的集団の構成員であることまたは政治的意見」以外の要件であっても迫害のおそれがある場合には、「補完的保護対象者」として難民に準じて保護しようとするものです。

この「補完的保護」の導入によって、ウクライナ避難民がより安定的に日本で生活できる可能性は高まるかもしれませんが、ウクライナ避難民はすでに「特定活動」という在留資格が付与され、正規在留者として日本に在留していることに加え、ウクライナ避難民の月別受入数は減少しています。「補完的保護」の導入は、政府にとっては絶好のアピール材料となるかもしれませんが、ウクライナの人たちにとっては、それほど大きな影響を与えるものではないかもしれません。

■自国の都合だけではコントロールできない「共生社会」

日本はこれまで、ある時は留学生であったり、ある時は技能実習生であったり、都合のよい外国人だけを、都合のよい数だけ受け入れてきました。たとえば、「留学生30万人計画」というネーミングで象徴されるように、多くの場合、外国人は「数」として把握され、まるで蛇口を開いたり締めたりするように、「数値」を稼ぎたい時は蛇口を開き、数値目標を達成した途端に蛇口を締めるといった具合に、自国の都合によって量的な調整をしてきました。

一方で、難民に関しては、都合のいい難民だけを、都合のよい数だけ受け入れるということは困難で、これまで日本は難民と思われる人たちに積極的に手を差し伸べるというよりは、難民かどうか疑わしい人たちを極力シャットアウトしようとしてきました。世界共通の難民条約に加盟していながら、ほかの条約加盟国に比べ著しく低い日本の難民認定者数と認定率は、素性の知れない外国人は可能な限り受け入れたくない、という本音を象徴するものです。

とはいえ「難民受け入れ先進国」であるドイツなど欧米各国では、移民・難民の受け入れを巡って社会的な対立が起こっているのも事実です。言葉や文化、宗教の違い、雇用のアンバランスなどは、難民（移民）と国民の間だけではなく、自国民同士の間にも深刻な亀裂と分断を生み出し、時には死者が出るような衝突まで起きています。

そのような「難民受け入れ先進国」の現状を見て、日本政府が受け入れに慎重な姿勢をとるのはある意味、当然かもしれません。ただ、慎重であるということと、排他的であるということはイコールではないはずです。

ロシアによるウクライナ侵攻により祖国を脱出した人たちを「難民」と呼ぶにせよ、「避難民」と呼ぶにせよ、あるいは「補完的保護対象者」と呼ぶにせよ、国籍、人種を問わず、世界のあちこちで勃発している紛争から逃れ、保護（庇護）を必要としている人たち、あるいは、民族的・宗教的弾圧から逃れ、安寧を求めてさまよう人たちに対して、日本がどう向き合うか、それは民主主義国家として、あるいは国際社会の一員として日本のあり方が問われていると同時に、自国の都合だけではコントロールできない「共生社会」というものとどう向き合うかが問われています。

7　「難民保護シェルター」を構想する

難民の保護、受け入れについては、極端に言えば、次の2通りの考え方があるように思います。

1つ目は、1人たりとも偽装難民を入れないという考え方。

2つ目は、1人たりとも真の難民を追い返してはならないという考え方。

これまでの日本の難民受け入れの発想は間違いなく1つ目でした。

その背景には、1975年、ベトナム戦争の終結によって、ベトナム・ラオス・カンボジアの三国が社会主義体制に移行したことなどによって、大量のインドシナ難民が発生し、その中に多くの中国系偽装難民が紛れ込んでいたという歴史的事件があり、難民は庇護の対象ではなく、むしろ警戒すべき管理の対象という日本政府の意識が形成されたのかもしれません。

また、実際に就労目的で難民申請する人が多いのも事実で、入管はどうしても難民申請者に対してはなから疑いの目を向けがちです。しかし、難民条約を締結している国である以上、真の難民は確実に保護しなければなりません。たとえ「偽装難民」や「条約上の難民には当たらない人」がいくら多いといえども、保護されるべき難民がいる限り、保護されなくても仕方がないでは済まされません。

■「国営難民保護シェルター」の設置を

いますでに日本にいる「難民とは認められない人たち」をどうするのかという出口論も重要ですが、難民の受け入れをどうしたらいいのかという入口論を検討することもとても重要なことです。

私は、難民認定申請者の多い国・地域からの入国は「査証」の取得を原則とすることを前提に、民間の難民支援団体等とも連携し、国営の難民保護施設（仮称「国営難民保護シェルター」）を設置し、入国の時点で、すべての入国者に対して、難民として保護を求めるか否かを問い、ＹＥＳと答えたものは、原則として「国営難民保護シェルター」で保護するシステムを構築すべきだと考えています。

ある人が真の難民かどうかの判別は、非常に難しいのですが、いまの日本の難民の受け入れ方は、それをさらに困難なものにしています。入国の時点で自ら難民として庇護を求める外国人は皆無で、取りあえず観光やほかの入国ビザで入国した後、難民申請を行うというのが、現状です。入国の時点で難民認定申請をすると、保護されないどころか、大抵の場合、入国を拒否されて、場合によっては不退去を問われてそのまま入管法違反者として収容されてしまうため、空港で「自分は難民である」ということを言わないのです。

「一時庇護上陸許可」（資料⑧参照）という制度があるにはあるのですが、入国の時点で入管側が難民性を有している可能性があると判断できるようなケースでしか認められないため、コロナ禍前の２０１９年の一時庇護上陸許可件数はわずか１件、15年からの５年間でも10件しかありません。

そのためたとえ難民として保護を求めたくとも、上陸拒否や収容のリスクを避けるため、観

資料⑧　一時庇護上陸許可件数の推移

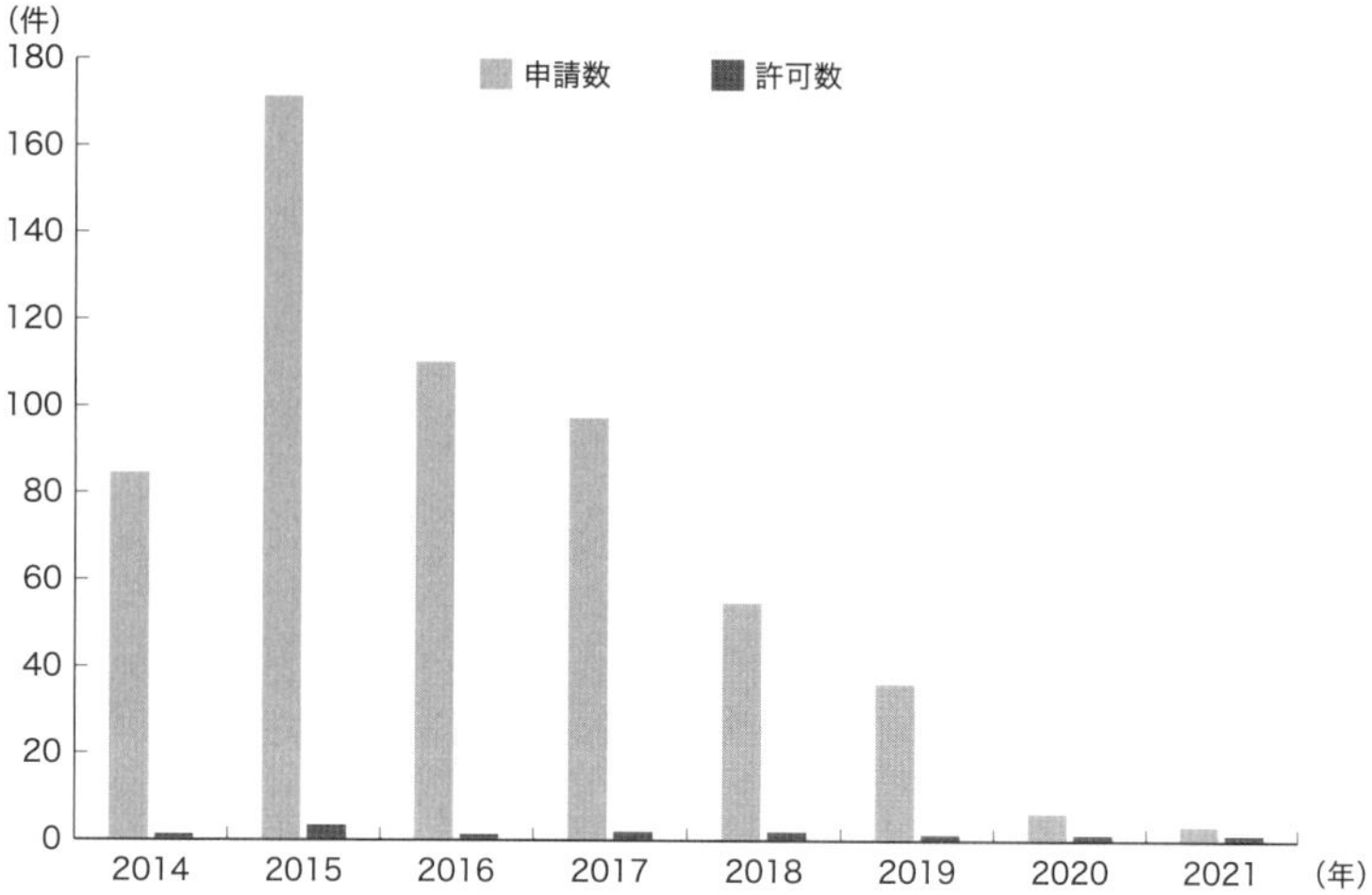

（法務省資料をもとに筆者作成）

光目的などとして入国せざるを得ないのです。

このような状況では、到底真の難民の保護はできません。そこで、はじめから難民として保護を求める者を、国営シェルターで保護し、衣食住の提供を行った上で、シェルターで難民認定手続きを行うのです。難民として保護する以上、基本的にはシェルターで生活し、その衣食住が提供されるので、就労する必要もないわけです。

■シェルターの設置は偽装難民の水際対策にもつながっていく

難民として心から保護を求めている人たちが一番心配するのは、衣食住のことだと思います。日本に逃れてきたはいいものの、誰にも助けてもらえず、路頭に迷って野垂れ死にしてしまうのではないか。そんな不安があり、まずはその不安を取り除き、安心して日本で難民手続きを受けられるようにすることがなによりも重要です。

一方で、難民を装って日本に入ろうとする人たちは、別に難民として保護を求めているわけではなく、自由に仕事をしてお金を稼ぎたいわけです。難民申請をしても、シェルターで保護され、その間は自由に働けるわけではないという情報が行きわたれば、あえて就労目的のために日本に渡ってくる人も減少するのではないでしょうか。つまり、シェルターの設置は偽装難民の水際対策にもつながっていくのです。

日本は難民条約加盟国としてＵＮＨＣＲ（国連難民高等弁務官事務所）に多額の拠出金を出しています。それはそれで重要なことだとは思います。国際的な視野で見れば難民保護に協力しているといえるかもしれません。しかし、日本国内で難民、移民に対して行われている政策や予算はとても貧弱なものと言わざるを得ません。

もちろん、偽装難民を排除するというのは、真の難民を保護するという観点からも重要なことだと思います。しかし、入国の時点で、難民申請しそうな者の入国をあらかじめ排除しようとするいまのやり方は、実は難民申請をするつもりなのに、入国拒否を恐れてあたかも観光客のように入国する「偽装観光客」を生み出しているのです。また、単に難民申請者の就労を禁止するだけでは、真に難民として保護を求める者の不安を煽るだけです。

難民として保護を求める人々が安心して難民申請できる環境を整えることこそが、実は偽装難民を減らす一番の方策であり、難民保護シェルターの設置はその効果的な構想だと思っています。

第6章　2023年入管法改正をめぐって

1　2021年改正法案の廃案

2023年6月9日、改正入管法案が参議院で可決・成立しましたが、成立までの過程は決して平坦な道のりではありませんでした。

改正法案が審議されるもともとのきっかけになったのは、2019年6月のナイジェリア人男性サニーさんの餓死事件でした。その後、法務省は「長期収容問題と送還拒絶者の増加に対処するため」として、「第7次出入国管理政策懇談会」に「収容・送還に関する専門部会」を設置、その答申を受けて、2年前の2021年2月、改正入管法案が第204回通常国会に提出されました。ただ、この2021年改正入管法案（以下、「2021年法案」といいます）は、市民グループらによる激しい反対運動の中、成立は見送られいったん廃案となりました。

■2021年法案の焦点

2021年2月、衆院本会議での趣旨説明で、上川陽子法務大臣(当時)は入管法改正の意義を次のように説明していました。

「近年、さまざまな理由で送還を忌避する者が後を絶たず、収容が長期化する要因にもなっている。退去強制手続きを適切、実効的なものにするのは喫緊の課題だ」

この2021年法案で大きな争点となったのは、「送還停止効に例外を設け、3回以上難民申請しているケースでは送還を可能とする」という条文が盛り込まれていることでした。現行入管法は、「難民認定申請中の者を送還することはできない」(送還停止効)とされています。

一方、入管法上の「難民」とは難民条約上の難民を指しますが、難民申請自体は、誰でもできますし、たとえ不認定となったとしても繰り返し何回でも申請することができます。入管側からしてみれば、難民申請をし続ける限り、その者を永久に送還できないことになります。このままでは送還忌避者が難民制度を「悪用」して、ずっと日本にとどまることを許してしまうという懸念があり、2021年法案では、送還停止効に例外を設け、3回以上難民申請しているケースでは送還を可能とする条文が盛り込まれたのです。

一方、難民申請している人たちからすれば、この法案が通れば3回という制限が設けられると、送還されてしまう危険性が出てくるわけで、2021年法案は、市民グループや外国人支援団体から、難民を日本から排斥する「悪法」であると、入管法「改悪」反対キャンペーンがSNS上などで展開されていきました。

また、日本の入管収容の状態に再三改善勧告を行ってきた国際機関も、この法案には厳しい見方を示しました。UNHCRは、2021年法案が送還停止効の原則に例外を設けることについて、「送還停止効の解除はルフールマン（＝難民を紛争地域に送り返すこと）のリスクを高めるので望ましくない」と異例の懸念を表明し、「送還停止効に何らかの例外を設けることが決定されるのであれば、その規定の実施状況についても、第三者チェックの仕組みの対象とすることが重要」であると指摘しました。

さらに国連特別報告者も、「改正法案は、移住者の人権保護に関するいくつかの側面において、国際的な人権基準を満たしていない」（2021年3月、日本政府に宛てた共同書簡）と指摘しました。

■ウィシュマさんの死と反入管キャンペーン

2021年法案が国会に提出された直後の2021年3月6日に、名古屋入管でウィシュマさんが亡くなりました。彼女は難民申請者ではなかったものの、入管により見殺しにされた悲劇の犠牲者として、ＳＮＳ上では、彼女の名を冠したハッシュタグが拡散されるなど、反入管キャンペーンのシンボル的存在となっていきました。

国会でも、市民運動と歩調を合わせて、野党がこの問題を追及しました。入管法改正法案の与野党による修正協議で、野党側が求める修正案を与党側がほぼほぼ丸呑みしたにもかかわらず、結局、合意に至らず事実上の廃案になったのは、野党側がこの監視ビデオの全面開示に最後までこだわったためだと言われています。

もっとも、コロナ禍でなければ、数の上で圧倒的優位に立つ与党が強行採決していたかもしれません。コロナ禍の終息の見通しの立たない中で、重要法案が山積みとなり、「各種世論調査で菅内閣の支持率が下がる中、採決を強行するのは困難だと判断した」（２０２１年５月19日付、毎日新聞・社説）という政治的な駆け引きが、政府が２０２１年法案の成立を見送った最大の要因だったことは間違いないでしょう。

ただ、そうだとしても、この反入管キャンペーンは、政権与党に大きなプレッシャーを与え、市民運動の盛り上がり、国際機関からの厳しい目線、そしてコロナ禍、これらがまさに三位一体となって、２０２１年法案は「廃案」になったといってもいいでしょう。そのどれかが一つでも欠けていたなら、ひょっとして与党側は法案をそのまま押し通していたかもしれません。

幻の改正入管法修正案

実は、2021年法案の検討の際、与野党が歩み寄り合意しかけた「幻の修正案」がありました。21年5月14日、与党による強行採決がささやかれる中、野党は10項目にわたる修正案を提示して、与党との修正協議に入りました。

東京新聞の記事「入管難民法『幻の修正案』」（2021年6月3日付）によれば、法案に新たに盛り込まれていた「監理措置」に関して、入管が相当と認める時に限定していたものを、「逃亡と証拠隠滅のおそれがない時は、監理措置に付する」という修正で与野党間で合意したといいます。

また、収容期間も原則6カ月以内と期間を限定し、飛行機で暴れるなどして送還を妨害した際の罰則も懲役1年から6カ月に引き下げることで合意がなされたといいます。

当時、衆議院法務委員会の野党筆頭理事であった立憲民主党の階猛議員は次のように述べています。「私も法務委員会の経験が長いが、法案の修正について与党側とこれほど建設的な議論をしたことはなかった」（2021年6月2日付、NHK政治マガジン）。

しかし、このかつてなかったほどの「建設的な議論」は、結局、実を結ぶことはありませんでした。野党側が強く求めていたウィシュマさんの施設内の映像の開示について与党側は、最終報告書が出された後に開示するとして譲らず、修正協議は決裂、修正案は「幻」に終わったのです。

実のところ、この幻に終わった修正案は入管にとってはかなり頭の痛いものだったはずです。なにしろ、監理措置への羈束《きそく》的（自由裁量の余地がなく、法令の定めをそのまま行わなければならないような行政行為）移行、あるいは収容期限原則6カ月の導入など、これまで堅持してきた全件収容主義や無期限の収容の土台が一気に揺らぐことになるわけで、この修正協議が幻で終わったことで、一番ほっとしたのは、ほかならぬ入管庁だったかもしれません。

2　2023年改正法案の国会提出

2021年法案の廃案から約2年後の2023年3月7日、岸田内閣のもと「出入国管理及び難民認定法等の一部を改正する法律案」（2023年法案）が閣議決定され、第211回通常国会に再提出されました。

この2023年法案は、2021年法案とほぼ同じもので、幻の修正案で合意していたものも盛り込まれませんでした。

■改正入管法の基本的な考え方

入管のホームページによれば、再度提出された改正入管法の基本的な考え方は、次の3つであるとされています。

①保護すべき者を確実に保護する。
②その上で、在留が認められない外国人は、速やかに退去させる。
③退去までの間も、不必要な収容はせず、収容する場合には適正な処遇を実施する。
そして、「これらの基本的な考え方に基づき、様々な施策をパッケージとして講じることにより、現行法の課題の一体的解決を図る」とされています。

■なぜ入管法改正なのか、入管側の視点

入管庁が公表した「現行入管法の課題」（2023年2月付）によれば、2021年12月末時点で退去強制対象者のうち、大半の外国人は送還に応じているにもかかわらず、「送還忌避者」（「帰国したくない」と退去強制を拒む人）は累計3224人いるとされ、送還を妨げている原因を3つ挙げています。
①難民認定手続中は送還が一律停止されること（現行法上、難民認定手続中の外国人は申請の回数や理由等を問わず、我が国で殺人等の重大犯罪を犯した者やテロリスト等であっても退去させることができない）。
②退去を拒みながらも強制的に送還される自国民に関して、受取を拒否する国が存在すること。
③送還するための航空機の中で激しく抵抗した場合、機長の判断により搭乗を拒否され、送

還が物理的に不可能となること。

ちなみに21年12月現在、送還忌避者の３２２４人のうち、半数以上に当たる１６２９人が難民申請中で、うち４２４人に前科があり、その中の１８９人が1年を超える実刑を受けた者であるとされています。また、仮放免許可後に逃亡した者は５９９人、２０２２年末の時点では約１４００人にも上るとされています（令和5年2月付「現行入管法の課題」）。

つまり、入管庁の現状認識は、「退去強制令書を受けた大半の外国人は入管の言うことを素直に聞き、自発的に出国している。しかし一部の外国人は入管の言うことを聞かずに、ゴネている。その中には、難民申請は誰でも何回でもでき、難民認定手続中は送還が一律停止されるという法の穴を悪用している者もいる。また、送還忌避者の中には前科を有するものが多数含まれ、仮放免しても逃亡する者も後を絶たない。現行法では、そのようなものを送還する手立てがない。このままでは送還忌避者のゴネ得を許すことになる、だから法改正が必要だ」。平たく言えばこういうことなのだと思います。

もちろん、外国人の側からはまったく別の「景色」が見えます。自分たちが送還を拒むのは「帰りたくない」のではなく、家族などが日本にいて「帰れない」、あるいは本国に帰れば身の危険があるのに、難民認定がされず、難民申請を繰り返さざるを得ないという人もいるでしょう。そういう人たちに言わせれば、入管は自分たちを追い詰める敵ということになるのかもしれません。

■「送還の促進」というテーゼ

そもそも入管法改正の議論の発端は、大村収容所でナイジェリア人男性サニーさんがハンガーストライキの末に餓死をした事件でしたが、サニーさんが亡くなった2019年6月末現在の被収容者総数は1253人でした。そのうち54%を超える679人が収容6カ月を超える長期収容者で（令和元年11月11日付「6月以上の被収容者に関する統計」）、入管が抱える最も大きな課題は、この収容の長期化だったわけです。そして、長期収容解消の出口論としてあったのが、「送還の促進」でした。

しかし、現在は、コロナ禍による仮放免の弾力的運用により、「長期収容」はなくなりつつあります。にもかかわらず、2023年法案が、廃案となった2021年法案とほとんど同じ内容で再提出された背景には、入管当局の問題意識の根底に自分たちの下した判断に逆らう者たち＝送還忌避者の「送還の促進」こそが、入管行政をスムーズに進めるための切り札であるとの変わらぬ思いがあるからかもしれません。

■2023年法案を巡る与野党の攻防

2023年法案については、前回の2021年法案の国会審議と同様、与野党の対立が激化していきました。参議院での法案審議の過程では、難民審査が一部の難民審査参与員に偏って配分されていることなどが取りざたされ、立憲等の野党側は「難民はほとんどいないという立法事実（立法の根拠となる事実）はすでに崩壊している」などと強く反発、審議が尽くされていないとして改めて廃案を求めるなど与野党の対立は先鋭化していきました。

また、改正入管法案を審議する23年5月12日の参議院本会議で、梅村みずほ参議院議員（日本維新の会）は、「支援者の一言が、ウィシュマさんに『病気になれば仮釈放してもらえる』という淡い期待を抱かせ、医師から詐病の可能性を指摘される状況へつながったおそれも否定できない」と発言し物議を醸しました。梅村議員は、その後の法務委員会でも、ウィシュマさんは「ハンガーストライキによる体調不良によって亡くなったかもしれない」などと発言。これに対して、遺族の弁護団が事実確認の質問状を送ったところ、同議員は「事実はありません。しかし、可能性は否定できません」などと答えました。この一連の発言は、「不適切だ。公人として事実に基づいて発言すべきだ」（公明党・高木陽介政調会長）、「人権感覚を疑う。臆測で本人の名誉を傷つけることはあってはならず、問題発言だ」（立憲民主党・泉健太代表）などと与野党からも批判が相次ぎ、梅村議員は参院法務委員会の委員から更迭され、さらに、党員資格6カ月間停止の処分を受けました。支援者・市民グループは一斉に反発、発言の撤回と謝罪を求める抗議が相次ぎました。

また、大阪入管では23年1月、常勤女性医が酒に酔った状態で外国人収容者を診察した疑いがあるとして内部調査が行われていることが発覚。以降、この医師を勤務から外したにもかかわらず、国会に報告されることなく改正入管法案が審議されたことについて、野党側や支援者、市民グループは、入管法改正案を通すため、事態を隠蔽《いんぺい》したのではないかと、強く反発しました。

国会の外では、2年前と同様、支援者・市民グループは、「入管法改悪案」の廃案を求めて、連日デモや集会を開催し、立憲民主党は、参議院法務委員会で採決することを決めた公明党の杉久武委員長に対し、審議不十分だとして委員長の解任決議案を提出したものの、解任決議案は6月2日の本会議で、反対多数で否決。続いて、齋藤健法務大臣への問責決議案が提出されたものの、これも否決され、6月9日、怒号と混乱の中で、改正入管法案は自民・公明両党と日本維新の会、国民民主党などの賛成多数で可決・成立しました。

3　改正入管法論点①：「送還停止効」の例外規定が設けられた

入管法改正で最も大きな争点となったのは、2021年法案と同様、「送還停止効」（難民認定手続中は送還が一律停止される規定）に関して、3回以上の難民申請者については、送還停止効に例外を設け、難民認定手続中であっても送還を可能とする条文（改正法第61条の2の9第4項1号）についてでした。入管の恣意的判断によって強制送還が容易になりかねないとして、前回同様反対の声が上がりました。

■「ノンルフールマン原則」と送還停止効

難民などを迫害の危険がある国へ追放、送還してはならないという国際的な原則をノンルフールマン原則と言います。難民はまさに迫害から逃れてきた人たちであり、その人たちを迫害の危険がある国に送り帰すことはあってはならないのは当然ですが、難民手続中の人も、その人が難民と認定される可能性がある以上、その人を送還することもまたノンルフールマン原則に反することになります。

このようなことから約20年前の2004年の入管法の改正で、難民認定申請中の人は、たとえその人に退去強制令書が出されていたとしても、一律に送還が停止されることになりました。これを「送還停止効」といいます。

一方で、難民申請自体は、たとえ難民でなくとも、誰でも何回でもできるので、この「送還停止効」がある限り、入管の表現を借りれば、「殺人等の重大犯罪を犯した者やテロリスト等であっても退去させることができない」ことになります。このため、送還停止効に例外を設け、過去2回難民申請が不認定となった者（＝3回目以上の難民認定申請者）については、たとえその者が難民申請中であっても、送還を可能にすることにしたわけです。

■不安におびえる人たち

一方で２０２２年には３人が３回目以降の申請で難民と認められたとのことで、令和３年12月付の「現行入管法上の問題点」には、「過去３回目以降の申請で難民と認められた事例はなし」と赤字で記されていたものが、令和５年２月付「現行入管法の課題」では、その記述はどこにも見当たりません。送還停止効の例外ラインを３回以上の難民申請にした理由が、「過去３回目以降の申請で難民と認められた事例はなかったから」であるとするならば、根拠となる立法事実そのものが大きく揺らぐことにもなりかねません。

いずれにせよこのように現実に３回目以上の申請でようやく難民として認定される人たちがいるのであれば、３回目以上の難民申請者の送還は慎重の上にも慎重を期さねばなりません。なお、送還停止効の例外規定については、施行後５年以内を目処として必要な見直しを検討する旨が附則に盛り込まれました。

また、難民申請を繰り返す人たちの中には、仮放免中に日本人などと結婚した人たちもいます。第３章「ある家族の物語②」（１１３ページ）で紹介したクルド人男性と日本人女性の夫婦も、もう10年近くここ日本で夫婦として支え合って暮らしています。夫が難民申請を繰り返すのも、ただ難民として認めて欲しいというだけでなく、妻と夫婦としてこれからも日本で暮らしていきたいという切実な思いがそこにあるためです。しかし、今回の法改正で送還停止効の例外が設けられ、現在4回目の難民認定申請中である彼は、いつ送還されるかも分からない状態に置かれることになります。それは妻にとっても切実な問題です。夫婦で送還の不安におびえる日々がこれから続くのです。

たしかにある者が難民か否か、それを認定するのは国であって、本人ではありません。ただ、空港で難民申請をしようとした彼を拒んだあげく、無理やり飛行機に乗せて送還しようとした入管から、「あなたはすでに3回以上難民申請しているので、もう難民の審査はしません。あなたは結婚しているといいますが、それは退去強制を受け入れずあなた方が勝手にやったことであって、私たちには関係ありません。これからあなたを送還します」と言われたら、この夫婦は何を思うのでしょうか。

もっとも、今回の改正によって、3回目以上の難民申請者全員が機械的に送還されるわけではありませんし、3回目以降の難民認定申請者でも「相当の理由がある資料」を提出すれば、送還は停止するとされています。

問題は、3回目以降の難民申請者について送還停止効を外し、送還できるようにするにしても、その決定をだれが行うかです。「収容・送還に関する専門部会」でもその点が検討され、「再度の難民認定申請については、事案の内容に即した審査手続の合理化・効率化を検討すること。適正手続を保障する観点から、行政庁の判断の適正性について第三者によるチェックが機能するよう留意すること」と提言されていますが、「第三者によるチェック」については、改正法には反映されませんでした。

4　改正入管法論点②：「監理措置」が導入された

難民申請者の送還と並んで、大きな争点となったのが、「監理措置」の導入でした（改正法第44条の2／第52条の2）。現行入管法は、全件収容主義によって退去強制対象者は原則として全員収容されて退去強制手続を受け、送還されるまで収容されるというのが建前です。その収容を解かれるほとんど唯一の手段が仮放免ですが、新たに導入された「監理措置」は、「収容に代わる措置」として導入されたものです。

■仮放免と「監理措置」の違いと共通点

監理措置と仮放免制度との条文上の大きな違いは、仮放免は収容されている人を放免する制度であるのに対して、監理措置は基本的には収容しないで、超過滞在者などの退去強制対象者が、監理人の監督下のもとで収容施設外で生活が送れるようにする措置であるという点です。

監理措置は条文上、「逃亡や証拠隠滅のおそれの有無、収容によりうける不利益の程度等を考慮した上で、その者を収容しないで退去強制手続を行うことが相当と認めるときは、主任審査官はその者を監理措置に付する旨の決定をすることとにする」（改正法第44条の2）と規定され、「収容に代わる監理措置」とされています。

またもう一つ、仮放免との大きな違いは、監理措置では、退去強制令書が出る前であれば、就労することが可能になったということです。現行の仮放免制度では就労は一切認められておらず、こっそり働くしかありません。入管側も、仮放免者が働かなければ生きていけないことくらいは分かっていますので、以前は黙認していましたが、近年、「送還の促進」の効果を狙って、仮放免者が働くことに対して厳格な姿勢を示すようになっていました。働けなければ日本にいることをあきらめるだろう、という一種の兵糧攻めですが、お金のためにダークな仕事に手を染めたり逃亡者も増加するなど負の一面も残すことになりました。今回の法改正で退去強制令書の発付前であれば、被監理者の就労を正面から認めたことは、現実的な対応と言えるでしょう。

このように仮放免と監理措置とでは大きな違いがあるものの、共通点も少なくありません。

第1の共通点は、仮放免も監理措置もどちらも入管が「相当」と認めるときにその裁量で判断されるということです。仮放免と同様、入管が「相当」と認めなければ収容されるわけです。

第2の共通点は、すでに収容されている収容者も監理措置の対象になりえるということです。2021年法案には盛り込まれていませんでしたが、今回の改正で、収容者については、3カ月ごとに監理措置の検討をしなければならないとされています（改正法第52条の8）。

2023年の法改正で監理措置が導入されるからといって、仮放免制度がなくなったわけではありません。従来の仮放免は「入国者収容所長又は主任審査官は（中略）収容されている者の情状及び仮放免の請求の理由となる証拠並びにその者の性格、資産等を考慮して（中略）その者を仮放免することができる」とされていましたが、今回の改正では「健康上、人道上その他これらに準ずる理由によりその収容を一時的に解除することを相当と認めるとき」は、その者を仮放免することができると改められました（改正法第54条第2項）。

■「監理人」の役割

現行の仮放免制度には、仮放免者をトレースするしくみがありません。運用上、仮放免の際には、身元保証人をつけるとはいうものの、法律で定められているものではなく、身元保証人の責務や責任の所在はあいまいです。一方、「監理措置」では、「被監理者の生活状況の把握並びに当該被監理者に対する指導及び監督を行うものとする」（改正法第44条の3第2項）とされ、主任審査官より、生活状況、監理措置条件などの遵守状況について報告を求められた場合は、それに応えなければならないとされています（改正法第44条の3第5項）。

つまり、平たく言えば監理人が「監視」をするわけですが、「監理人」のなり手として有力視されている支援者や弁護士などからは、双方の信頼関係を損なうとして懸念の声も上がっています。特定非営利活動法人なんみんフォーラム（ＦＲＪ）が外国人・難民支援者、弁護士などを対象にした「監理措置に関する意見聴取」によれば、92％が監理措置を「評価できない」

とし、90％が「監理人にはなれない・なりたくない」と回答しています。言うまでもなく、監理人のなり手がいなければ、監理措置制度は成り立ちません。監理措置は導入されたものの、実際の運用がどうなるかは不透明です。

■監理措置の導入は全件収容主義との決別か？

監理措置は、収容に代わるもの、収容代替措置としての新制度というところを殊更に強調するように、改正法ではわざわざ「収容に代わる監理措置」と銘打っています。たしかに、監理措置は、収容しないで退去強制手続を進めるオプションの一つであることは間違いありません。しかし、実質的には収容しないというオプションは、実はこれまでの仮放免制度の中でも、「即日仮放免」という実務上の扱いで、運用されてきました。

この「即日仮放免」は、文字どおり、収容令書を発付したその日のうちに職権で仮放免許可をし、実質的には収容をしないで在宅のまま退去強制手続を進める措置で、「監理措置」との違いは、名目上の収容があるかないかの違いだけです。また、即日仮放免も監理措置も、結局は、入管の裁量によって判断され、それが認められなければ、当該人は収容されるわけです。収容を前提として入管の裁量によって「非収容者」を選別する方式を「全件収容主義」と呼ぶとするならば、監理措置も全件収容主義の延長線上にあり、監理措置の導入によって「全件収容主義」が放棄されたわけでも、決別したわけでもないのです。

5　改正入管法論点③：在特の透明性は高まるか？

「在留特別許可」（＝在特）は、超過滞在者などの、本来、強制送還される外国人（退去強制対象者）に対し、入管が裁量によって、文字どおり在留を特別に許可するわけですが、以前からその不透明性が指摘されていました。今回の改正では、新たに従来の入管法にはなかった「在留特別許可」という節が設けられましたが、果たして、在留特別許可の透明性は高まっていくでしょうか？

■在特について申請制度を導入

現行入管法上、在特は、退去強制手続の最後に法務大臣（＝地方入管局長）が、一方的に付与する一種の「恩恵」で、外国人側からそれを申請できるわけではありません。しかし、今回の改正では、「法務大臣は、外国人が退去強制対象者に該当する場合であっても（中略）当該外国人からの申請により又は職権で、法務省令で定めるところにより、当該外国人の在留を特別に許可することができる」（改正法第50条第1項）とされ、外国人の方からも在留特別許可を申請することができるようになりました。

これまでは在特に申請制度がなかったゆえに、外国人は退去強制手続の中で、入管職員に尋ねられるまま自らの境遇や本国に帰れない事情、あるいは日本にいたい事情を語り、入管の

「恩」にすがる「受け身」の存在でした。今回、外国人の方から在特を申請できるようになり、受け身の存在から入管に対して在特を「要求」できるようになりました。入管もその要求に応えなければならないことになり、退去強制対象者と入管との関係性は、単に「恩」にすがる者と、恩を与える者という、支配者と被支配者のような関係ではなくなったといえるかもしれません。

■在特の不許可の理由の提示の義務化

2023年の法改正で「在留特別許可をしない処分をするときは、(中略)速やかに理由を付した書面をもつて、当該申請をした外国人にその旨を知らせなければならない。」(改正法第50条10項)という条文が盛り込まれましたが、これまでは在特を認めなかったとしても、入管にはその理由を外国人側に知らせる義務はありませんでした。今回の法改正で、在特の不許可の理由の提示が義務化されたことは大きな進歩で、在特判断の透明化にもつながっていく可能性を秘めています(ちなみに、今回の法改正で仮放免や監理措置についても、不利益処分にかかる理由の提示が義務付けられました)。

しかし、提示される理由があいまいだったり、具体性に欠けていたりすると、入管の十八番である「諸般の事情を個別的に考慮した上での総合的な判断」という「決まり文句」とさして変わらないものになってしまいます。これでは在特判断の透明化にはつながっていきませんので、どれだけ具体性のある理由が提示されるのかが鍵となります。

■在特の基準は明確になったのか？

在特に関しては、今回の改正で、新たに次の条文が加わりました。「法務大臣は、在留特別許可をするかどうかの判断に当たっては、当該外国人について、在留を希望する理由、家族関係、素行、本邦に入国することとなった経緯、本邦に在留している期間、その間の法的地位、退去強制の理由となった事実及び人道上の配慮の必要性を考慮するほか、内外の諸情勢及び本邦における不法滞在者に与える影響その他の事情を考慮するものとする」（改正法第50条5項）。

改正入管法案のたたき台となった「収容・送還に関する専門部会」の提言でも、はじめに「在留特別許可の許否判断の透明性をより一層向上させるため、在留特別許可の考慮要素や基準の一層の明確化及びこれらを公にすることを検討すること」とあり、この条文は一見すると専門部会の提言を忠実に反映させているようにも見えます。

たしかに考慮要素が明確化されたことは大きな前進と言えます。しかし一方で、この条文は、あくまでも、在留を希望する理由や家族関係、人道上の配慮の必要性などを考慮しますよ、と宣言しているにすぎず、考慮要素も漠然としています。さらに、考慮事項をどのように判断するのか、どのような基準をもって考慮事項を判断していくのかについてはまったく明らかにされていません。つまり、依然として入管の裁量を広範に認めているのです。

それどころか、「内外の諸情勢及び本邦における不法滞在者に与える影響その他の事情を考慮するものとする」との一文は、「内外の諸情勢」や「不法滞在者に与える影響」をエクスキューズにして、入管の裁量権の幅をさらに広げようとしているのではないかという疑念すら抱いてしまいます。その疑念を杞憂とするためにも、やはり、裁量のばらつきを抑えるための「基準」の法定化が不可欠です。

■2つの懸念

在特に直接関係するものではないですが、今回の改正で、退去強制令書が出ていても、自発的に帰国すれば1年経てばまた日本に戻ってくることが可能となる措置（改正法第52条第2項）と、退去強制手続前に自分から帰国するという意思を示せば、出国命令（＝収容されずに帰国でき、上陸拒否期間も1年のみ）への切り替えが可能となる措置（改正法第24条の3第1号ロ）が導入されました。

いずれも非正規滞在者の自発的な出国にインセンティブを与えることを期待したもので、これによって送還忌避者が自発的に出国に応じる可能性もあります。また、これまで在特が認められなければ長期間日本に再入国ができないことを心配して入管への出頭を躊躇していた人たちも、在特を申請しやすくなるかもしれません。これら新たな2つの制度の導入は、「送還忌避」という問題の解決の糸口になりえる可能性はあります。ただ、その一方で、懸念もあります。

1つ目の懸念は、たとえ在特を認めなくても、当該人が自発的に帰国すれば1年経てば再入国ができるということで、「どうせ1年で戻れるんだから、在特は不要ではないか？」と入管の在特審査がおざなりになりはしないか、ということです。在特の申請をしようとしても、担当官の一存で帰国を奨励するケースも増えるかもしれません。

2つ目の懸念は、難民申請者にとっては、帰国のインセンティブにはならないのではないかということです。偽装している難民申請者はさておき、真の難民申請者は本国に帰国すれば迫害のおそれがあるからこそ、難民申請をしているのであって、たとえ1年であろうとも本国に帰国すれば身に危険が及ぶ可能性があるわけです。もちろん1年間、本国でなんとか逃げ廻り、再度日本に入国する選択があるかもしれませんが、日本に残るも帰国するも、いずれにせよ、大きな決断を迫られることになるのです。

6　改正入管法論点④：補完的保護と送還・収容・その他の改正

3回目以上の難民申請者の送還を可能とする送還停止効の例外規定、監理措置の導入、在特の申請制への移行と不許可理由の理由提示の法定化、これらは改正入管法の大きな柱ですが、この他にも重要な改正が行われています。

■ウクライナ避難民と補完的保護対象者の認定制度

2022年2月のロシアによるウクライナへの軍事侵攻以来、日本でも2000人を超えるウクライナの人たちを受け入れていますが、先にも触れましたが、「難民」として受け入れられているわけではなく、多くは「特定活動」という在留資格が付与された正規在留者として日本に在留しています。

難民とは「人種、宗教、国籍もしくは特定の社会的集団の構成員であることまたは政治的意見」を理由に、迫害を受けるおそれがある者が難民と定義付けられています（難民条約第1条）。そのため、ウクライナ避難民のような紛争や戦争を逃れてきた人たちは難民ではないというのが政府の見解です。

2023年の法改正では、難民条約に列挙されている「人種、宗教、国籍もしくは特定の社会的集団の構成員であることまたは政治的意見」以外の要件であっても、迫害のおそれがある場合には、難民に準じて保護する「補完的保護制度」が導入されました。

これについては、ウクライナ避難民のような紛争から逃れた人にも難民条約は適用され、現行法でも難民として保護できるという見解や、「補完的保護対象者」も「迫害を受けるおそれがあるという十分に理由のある恐怖を有する」ことについての立証が要求されることから、補完的保護が紛争避難民らを保護できるのか疑問視する声もあります。

ただ、政府は「現在の入管法では、こうした条約上の『難民』ではないものの、『難民』に準じて保護すべき紛争避難民などを確実に保護する制度がありません。」「（ウクライナ避難民の受入の）現状は、人道上の配慮に基づく緊急措置として、法務大臣の裁量により保護している状況にあり、こうした紛争避難民などを一層確実に保護する制度の創設が課題となっています。」（入管ホームページ）として、ウクライナ避難民を念頭に、補完的保護を運用していく姿勢を示しています。

たしかに、より安定的に日本で暮らせるようにウクライナ避難民を保護しようとするその姿勢は評価できますし、「補完的保護制度」の導入は難民等の保護に消極的であるという国際的評価の改善に一役買うかもしれません。もっとも、これによって昨今噴出してきた難民認定にかかる様々な問題点が、煙に巻かれないように目を光らせていく必要はあるでしょう。

■送還忌避者への命令・罰則、被収容者処遇規則の法律への格上げ

次の2点も2023年の法改正の注目点です。

1点目は、送還忌避者のうち、①退去を拒む自国民を受け取らない国を送還先とする者と、②過去に航空機内で送還妨害行為に及んだ者については、「その者の意見を聴いた上で、相当と認めるときは、その者に対し、相当の期間を定めて、本邦からの退去を命ずることができる」（改正法第55条の2第1項）とされました。また、航空機内で送還妨害行為に及んだ者に

は1年以下の懲役若しくは20万円以下の罰金に処し、又はこれを併科する（改正法第72条第7項）とされました（なお、２０２１年法案の与野党の修正案では、懲役6カ月とされていましたが、改正法では1年に戻っています）。

2点目は、これまでは収容に関しては法律ではなく、「被収容者処遇規則」という規則でほとんどのことが規定されていましたが、今回の法改正で「被収容者処遇規則」の大半が法律に格上げされました。改正法第55条の4には「被収容者（中略）の処遇は、被収容者の人権を尊重しつつ適正に行わなければならない」と定められています。規則をそのまま法律に格上げしただけとはいえ、入管法に「人権」という言葉が登場した意義は、大きいと思います。ちなみに改正法第55条の16、第61条の2の15第2項にも、入国警備官・難民調査官には「外国人の人権に関する理解を深めさせ（以下略）」との条文が設けられ、「人権」という言葉が登場しています。

■「幻の修正案」再び

入管の収容についてはかねてより、2つの懸念が指摘されていました。

1つ目は、収容期間に上限がないこと。

2つ目は、収容に関して司法審査や第三者のチェックが入らないこと。

収容期間の上限については、２０２１年法案の際の幻の修正案では、「収容期間を原則6カ月以内」とすることで合意したと言われていますが、今回の法案に盛り込まれることはありませんでした。

立憲民主党等野党が強く求めていた難民審査の第三者機関の設置については、与野党間の修正協議で、改正入管法の付則において、今後、独立した難民審査機関の設置を検討する旨の一文を盛り込むことで合意されていたとのことです。また、いわゆる送還忌避者の中には18歳未満の子どもが200人以上いるとされ、立憲民主党はこうした子どもたちに対しては在留特別許可を柔軟に与えるよう求めていました。これについても修正協議で、与党側は在留特別許可を判断する際に考慮する要素として「子どもの利益」を条文上明記するという修正案を提示したといいます。ところが、立憲民主党は「第三者機関は付則では実現しない」などとして土壇場で衆議院の採決では反対に回り、その結果、難民認定を審査する第三者機関の検討を付則に明記する案も、「子どもの利益」を条文上明記するという修正案も削除されたと言われています（2023年4月25日、28日付、朝日新聞デジタル他）。

2021年法案の際にも修正協議が行われ、与党側が大幅に譲歩した形の修正案は幻に終わりましたが、2023年法案の修正協議でもやはり修正案は幻に終わりました。

7　未来へ向けて

日本はかつて移民輩出国でした。百年以上前、寄宿生として日本からアメリカ西海岸やハワイに渡った先達は「スクールボーイ」と見下され、差別や偏見と闘いながらも異国の地でコミュニティを形成していきました。また、過剰人口対策の一環として「計画移民」の名のもと、多くの人々がブラジルなどの南米に渡っていきました。そこには多くの苦難が待ち受けていました。

その後時代は流れ、日本は高度成長を遂げ、送り出す側から受け入れる側に変貌しました。ただし、扉さえ開けておけば黙っていても人は入ってくる、そういう時代はもう過ぎ去りました。「変化」は確実に起こっています。

■入管法の改正はゴールではなくスタート

改正入管法は成立しましたが、改正に至るまでの道のりは、決して平坦ではありませんでした。2021年法案は入管法改正反対の大きなうねりの中で廃案に追い込まれ、今回も2年前と同様、激しい反対運動が展開されました。国会審議でも法案成立をめざす自民、公明、維新、国民民主などと、あくまでも廃案を主張する立憲、共産、社民などが激しく対立。怒号と混乱の中で、法案は可決されました。

改正入管法が成立した今、法改正についての評価は、後日の検討に委ねたいと思います。ただ、私は今回の入管法の改正はゴールではなくスタートだと思っています。

入管法改正に反対の立場の人たち、改正法案の「廃案一択」を主張していた人たちの間でさえ、従来の入管法が多くの問題を抱えていたというのは、共通した認識だったと思います。入管法改正議論の発端となったサニーさんやウィシュマさんの事件も、これまで日本の収容施設で亡くなった方々も、みな現行入管法の下で起こった悲劇です。

こうした事態を再発させないためにも、外国人の命を預かる入管法は、常にアップデートされなければならない法律です。

今回の入管法「改正」に対しては、多くの反対意見がありました。ただ、その一方で、この改正法案を評価する声もたくさんありました。残念だったのは、改正法案に反対するにせよ、賛成するにせよ、ネットのコメントやSNS、マスメディアの論調に至るまで、反対派と賛成派の両陣営にくっきり分かれ、ただただ相手方に対する非難と攻撃ばかりが際立ち、「対話」や「建設的な議論」というものがほとんど見られなかったという点です。国会も然りです。

そして、そのような両極端な意見が飛び交う状況の中、実は多くの国民は、改正入管法案の議論を冷ややかな目で見ていたのではないか、そんな風にも思えてなりません。ようやく社会の目が「入管問題」に向くようになった中で、それは残念なことでありますが、社会の目を引き付けたという意味では、このカオスのような混乱も一定の意義はあったのかもしれません。

しかし、何はともあれ法案は成立しました。改正入管法の施行は1年以内とされています。「熱気」が冷めれば、依然として強大な裁量権を維持している入管行政のタガが外れるかもしれません。法案が成立したからと言って、入管への厳しい視線を忘れてはなりません。それは

「裸の王様」の入管にとっても決して悪いことではないはずです。

■正規滞在者の人権保障

今回の法改正では、正規滞在者に関する条文はほとんど手がつけられていません。今回の改正論議の発端が、大村収容所に収容されていたサニーさんの死で、非正規滞在者や難民の収容と送還に関する部分が改正の主眼になったことは致し方ないことですが、入管法は「本邦に入国し、又は本邦から出国する全ての人の出入国及び本邦に在留する全ての外国人の在留の公正な管理を図るとともに、難民の認定手続を整備することを目的とする」法律（入管法第1条）であり、外国人の圧倒的多数は正規滞在者です。

本書でも再三触れてきたとおり、入管が持つ強大な裁量権のもと、適正手続きの保障（デュープロセス）の外側に置かれているのは、非正規滞在者のみならず正規滞在者もまったく同じ状況なのです。

今回の法改正で、ようやく在留特別許可、監理措置、仮放免については、それを認めない場合（＝不利益処分をする場合）は、「理由を付した書面をもって」相手方に通知する旨の条文が付け加えられました。しかし、圧倒的多数派である正規滞在者の在留資格変更申請や在留期間更新申請、永住許可申請にかかる不利益処分は、入管法改正後も何一つ変わらず、いまも入管法で理由の提示は義務付けられていないままです。正規滞在者を含めたすべての外国人の人権がしっかり保障されてこそ、本当の意味での「改正」＝ゴールといえるでしょう。ゴールに向けた歩みを止めてはなりません。

■「人の支配」から「法の支配」へ

ゴールに向けて、必要なのは何か？　入管の問題とは、結局のところ、広範な裁量権のもと、ある外国人の運命が入管のさじ加減一つで決まっていく、その危険性にあると私は思っています。

そして、そのさじ加減には裁量判断を一定の方向に導く「基準」というものがないため、入管職員は自分たちの「正義」（それは多分にして前例だとか、組織的マインドに根付いた内向きの正義ですが）をモノサシとしていろいろ判断、処分をしていかざるを得ないし、一方、外国人にとっては、そのような入管行政は恣意的で不透明なものに映るでしょう。送還を拒む送還忌避者も、入管にとっては、駄々をこねてゴネ得を狙う不届き者かもしれませんが、実は多くの忌避者が求めているのは「納得のいく説明」であって、入管がそれさえ果たせば、かなりの送還忌避者は自発的に帰っていくのではないかとすら私は思っています。

しかし、一定の基準がなく、入管の正義に根拠というものがない以上、納得のいく説明などできるはずもなく、外国人（あるいはその家族や支援者）は、ただただ入管に不信感を募らせ、両者は対立していかざるを得ないのです。入管が「納得のいく説明」ができる組織に生まれ変わるには、「内向きの正義」という「人」の中にあるモノサシを捨て、「法」で定められた「開かれた基準」に従うこと、これに尽きると思います（なお、私の言う「基準」とは凝り固まったガチガチの基準ではなく、せめて裁量基準を一つの方向に導こうとする「道標」のようなものです）。

入管行政が「人の支配」から「法の支配」へ進化することを願ってやみません。

■「外国人庁」の設置を

国際化、多様化が進む中、「誰を入国させようが、誰の在留を認めようが国家の自由」、「外国人に適正手続は必要ない」という古典的国家観による従来型の「出入国在留管理」では、もはや真の共生社会が望めないのは明らかです。

主権国家として、出入国や在留にかかる国家の裁量があるにしても、外国人の人権に関わる問題を、入管という一行政組織の腹次第でなんとでもなるというような体制自体を改め、新たに「外国人庁」のような独立機関を設立して、複合的・重層的な視線で、外国人との共生をはかるべきでしょう。「脱入管化」と言ってもいいかもしれません。

一義的な外国人の入国や在留の可否判断は入管が行うにしても、その処分に不服がある場合は「外国人庁」に申立てができたり、あるいは、ケースによっては「外国人庁」が直接審査に当たることができるような体制を整えるべきです。また、入国や在留の可否判断だけにとどまらず、「生活者」としての外国人をトータルで支援する体制作りも重要でしょう。難民の認定も入管から切り離し、一次審査から外国人庁が担うのが理想です。

この外国人庁は、他省庁からの出向者や、経済や労働法、教育や医療、国際問題や人権問題などに精通した外部有識者などで構成されるのもいいかもしれません。ただ、「共生」と「外国人の人権」を、切り離して考えることはできませんし、外国人庁はまさに「外国人の人権」保障の砦として機能させるべきでしょう。

そして、外国人の人権保障において、とりわけ大切なのは「知る権利」の保障だと私は思っています。今回の入管法改正で、ようやく在特等については、理由の通知が義務付けられたとはいえ、自分のビザがなぜ認められないのか、そんな素朴な疑問にすら「答える必要はない」と言えてしまうぬくもりの欠片もない冷酷な今の入管システムが、外国人の入管行政に対する不信感を増幅させ、職員をも疲弊させ、ひいては日本という国自体への不信感につながっているように私には思えてなりません。

それを断ち切るためにも、「外国人庁」が入管を厳しくチェックし、透明感を持って外国人の知る権利に答えていく。あるいは中立的な立場で外国人側の主張にも耳を傾けていく。生活者としての外国人をサポートしていく。それが外国人にとっても、入管にとっても、日本という国にとっても、大きな利益になっていく、私はそう信じています。

あとがきにかえて

なぜ定年を待たずして入管を辞めたのか、実は自分自身、今でもそれをうまく説明することができません。入管行政に疑問を感じていたのは事実ですが、だからといって、それだけで役人を辞めるほどの勇気も度胸も私にはありません。ただ、大学院に行っていなければ、もしかしたら私は入管を辞めていなかったかもしれません。

私が入管に勤務しながら神奈川大学大学院に社会人入学したのは2017年の春でした。大学院での2年間、私は自分が最も疑問を持ち、また関心があった入管行政における裁量権について研究しました。しかし、大学院に入った当時、私には入管を辞める気持ちなどありませんでしたし、そのようになることなど考えもしませんでした。

ただ、大学院時代、たくさんの判例や裁判例に触れるうちに、私の中で疑問ばかりがどんどん膨らんでいきました。ある裁判では、日本生まれで当時11歳のフィリピン人のオーバーステイの子どもに対して、「子は，本件各裁決当時11歳で，いまだ可塑性に富む年齢であることをも併せ考慮すると（中略）フィリピンに帰国した当初の困難を克服することは十分に可能なものと解するのが相当である」として、在留特別許可を付与せず、退去強制するのは適法との判決を出していました。一方、別の裁判では、日本生まれで当時7歳のベルー人のオーバーステイの子どもについて、「小学校低学年であることから，安易に可塑性があるなどと判断するのは相当ではない」として退去強制は違法であるとの判決を出していました。

同じ日本生まれ日本育ちの子どもでも、11歳の子どもは母国に帰っても十分やり直しがきくとして退去強制を合法とし、他方で、7歳の子どもは、安易に可塑性があるなどと判断するのは相当ではないとして退去強制は違法であるという。その違いはいったいなんなのか？

また、約20年前、イラン人一家に対する退去強制令書発付処分が争われた事件がありました（東京地判平成15年9月19日判例時報1836号46頁）。裁判所は、2歳のときに来日し、10年以上を日本で過ごした原告長女について「その生活様式や思考過程、趣向等が完全に日本人と同化しているものであり、イランの生活様式等が日本の生活様式等と著しく乖離していることを考慮すれば、それは単に文化の違いに苦しむといった程度のものにとどまらず、原告長女のこれまで築き上げてきた人格や価値観等を根底から覆すものというべきであり、それは、本人の努力や周囲の協力等のみで克服しきれるものではないことが容易に推認される。」として退去強制は違法であるとの判決を下しました。

この裁判の裁判長は藤山雅行という裁判官で、行政側敗訴判決を多数下すことから，東京地裁民事3部の裁判長であった当時は「国破れて3部あり」などといわれ、入管訴訟においても、多くの国側敗訴判決を出していました。

「藤山コート」「藤山判決」。揶揄と皮肉を込めて、彼の裁判体が出す判決はそう呼ばれていました。

しかし、このイラン人一家の判決は控訴審（東京高判平成16年3月30日訟務月報51巻2号511頁）で、あえなく取り消され国側が勝訴し、同判決は確定しました。

「外国で長く生活を送った子女が本国に戻った際に，本国で生活習慣や言語の問題に直面することがあるのは，被控訴人長女及び同二女に限られたものではない」や、「同被控訴人らを両親とともにイランに帰国させることが，同被控訴人らの生存や健全な成長を困難にするほど過酷なものであって，社会通念上著しく妥当性を欠くということはできない。」などといった控訴審判決よりも、入管が忌み嫌う一審の藤山判決の方が「まっとう」に思え、よりシンパシーを感じてしまう自分はやはり「異物」なのか？　学べば学ぶほど、自分と入管の距離はどんどん離れていき、気がつくと、それはもはや埋めがたい距離となっていたような気がします。

そして、平成最後の年の春、大学院の修了と同時に私は入管を辞めました（なお、私が書いた「出入国管理システムにおける行政裁量の統制に関する一考察」という修士論文は、神奈川大学学術機関リポジトリの法学部・法学研究科紀要論文に掲載されています）。

私が入管を辞めた後、様々な変化が起こりました。2019年6月の大村入管でのナイジェリア人男性サニーさんの餓死事件、21年3月の名古屋入管でのスリランカ人女性ウィシュマさんの死亡事件は、多くの人々に「入管で何が起こっているのか?」「入管は何か問題を抱えているのではないのか?」という疑問や関心を呼び起こしました。

また、ロシアによるウクライナ侵攻は、難民・移民の受け入れスキームを国民に問い直すきっかけにもなりました。もはや、入管で起こっていること、あるいは入管政策は、自分とは関係ない他人ごとではなく、身近な関心事となっていきました。

コロナ禍という未曽有の事態も、入管に変化をもたらしています。以前は厳格だった仮放免許可も感染予防対策として積極的に与えられるようになり、いままでは入管施設に収容されている被収容者数も激減しています。

在留特別許可の許可率も2017年の51・9%を底にその後は上昇、2020年には77・1%と2012年以来の7割超え、2021年には95・8%にも達しています。

難民認定についても、2022年に難民として認定されたのは202人。難民認定率は1・95%。いずれも過去最高で難民認定者数が三桁となったのも、認定率が1%を超えたのも初めてのことです。さらに、23年7月にはアフガニスタン政権崩壊を受けて日本に避難してきた国際協力機構(JICA)の現地職員ら114人が、難民に認定されたことが明らかになっています(2023年7月14日付・毎日新聞デジタル他)。これは一度に難民認定された人数としては過去最大規模で、まだ一部の国や地域に限ったものではあるにせよ、難民認定(もしくは庇護)についても、これまでにはなかった柔軟な対応がとられるようになったのも確かで、大きな変化が起こっていることは間違いありません。

そして、紆余曲折を経て成立した改正入管法。

私にとって、「入管問題」とは、まさに「裁量問題」といって過言ではありません。改正入管法が今後どのような影響を入管行政や司法にもたらすのかまだ分かりませんが、法律を変えるだけでは、入管問題が解決するとは到底思えません。入管が持つ巨大な裁量権が、国民の監視下でしっかりとチェックされコントロールされなければ、結局、半世紀前の「外国人は煮て食おうが焼いて食おうが自由」という入管行政の「根幹」は変わることはないのです。


日本国憲法前文には、次のように書かれています。

「われらは、いづれの国家も、自国のことのみに専念して他国を無視してはならないのであつて、政治道徳の法則は、普遍的なものであり、この法則に従ふことは、自国の主権を維持し、他国と対等関係に立たうとする各国の責務であると信ずる。」

これは国際協調主義と呼ばれています。この国際協調主義と出入国在留管理は不可分の関係にあることは改めて語るまでもないでしょう。

そして、憲法前文は次のような言葉で締めくくられています。

「日本国民は、国家の名誉にかけ、全力をあげてこの崇高な理想と目的を達成することを誓ふ」と。

そう。入管問題は外国人だけの問題ではなく、「私たち」の問題でもあるのです。

謝辞

この原稿を書き上げるために、たくさんの人に支えられました。現在、私が勤務している行政書士法人明るい法務事務所の長岡由剛、小池由樹共同代表と所員の皆さんには、執筆のための配慮をいただきました。出版まで3年を要したあげく、改正入管法の成立に伴い、刊行を見合わせてまで私のわがままを聞いて下さった合同出版編集部の方々、とりわけ担当の田口さくらさん、副島春乃さんには感謝の言葉もございません。

入管職員の皆さん。入管にいた18年間、私は先輩、同僚、後輩たちからいろいろなことを学ばせていただきました。皆さん方一人ひとりが、日々さまざまな疑問を抱えながら、時にはいわれなき中傷に堪え、葛藤とジレンマの中で、黙々と職務をこなしているということを私は知っています。悩んでいるのは自分一人ではないと思えたからこそ、私は18年間、入管で過ごすことができましたし、それは間違いなく充実した18年間でした。

そして、こうしてこの本を書き上げられたのも、家族の支えがあってこそです。ありがとう。感謝を込めて、本書を捧げます。

木下洋一

■参考にした本・資料

・修士論文
「出入国管理システムにおける行政裁量の統制に関する一考察」
（木下洋一）神奈川大学学術機関リポジトリ（https://kanagawa-u.repo.nii.ac.jp/）
・「入管行政の〝変わらなさ〟を問う　元入管職員の視点から」
（木下洋一・三浦萌華、立教大学キリスト教教育研究所２０２２年度公開講演会、非正規滞在外国人と人権ｖｏｌ．４）
・『入管の解体と移民庁の創設　出入国在留管理から多文化共生への転換（移民・ディアスポラ研究）』
（駒井洋・加藤丈太郎、明石書店、２０２３年）
・入管白書「出入国在留管理」
出入国在留管理庁
（https://www.moj.go.jp/isa/policies/policies/seisaku_index2.html）

■参考にした本・資料

・『入管法大全』
（多賀谷一照・高宅茂、日本加除出版、２０１５年）
・『出入国管理及び難民認定法逐条解説（改訂第四版）』
（坂中英徳・齋藤利男、日本加除出版、２０１２年）
・『やさしい猫』
（中島京子、中央公論新社、２０２１年）
・『マイスモールランド』
（川和田恵真、講談社、２０２２年）
・『アジアから吹く風　いま外国人労働者のふるさとは』
（佐々木聖子、朝日新聞社、１９９１年）
・『使い捨て外国人　人権なき移民国家、日本』
（指宿昭一、朝陽会、２０２０年）
・『在日外国人　第三版　法の壁、心の溝』
（田中宏、岩波新書、２０１３年）

・『移動と帰属の法理論　変容するアイデンティティ』
（広渡清吾・大西楠テア編、岩波書店、２０２２年）

・『彼女はなぜ、この国で　入管に奪われたいのちと尊厳』
（和田浩明・毎日新聞入管難民問題取材班、大月書店、２０２２年）

・『ウィシュマさんを知っていますか？　名古屋入管収容場から届いた手紙』
（眞野明美、風媒社、２０２１年）

・『入管問題とは何か　終わらない〈密室の人権侵害〉』
（鈴木江理子・児玉晃一編、明石書店、２０２２年）

・『ルポ入管　絶望の外国人収容施設』
（平野雄吾、ちくま新書、２０２０年）

・『五色のメビウス　「外国人」と ともにはたらき ともに生きる』
（信濃毎日新聞社編、明石書店、２０２２年）

・『ふたつの日本　「移民国家」の建前と現実』
（望月優大、講談社現代新書、２０１９年）

・『ふるさとって呼んでもいいですか　6歳で「移民」になった私の物語』
（ナディ、大月書店、2019年）
・『となりの難民　日本が認めない99％の人たちのSOS』
（織田朝日、旬報社、2019年）
・『ぼくたちクルド人　日本で生まれても、住み続けられないのはなぜ？』
（野村昌二、合同出版、2022年）
・「特集　入管」
（朝日新聞社「Journalism」2021年11月号）
・「入管改革への課題」
（水上洋一郎、岩波書店「世界」2021年11月号）
・「元東京出入国在留管理局長・福山宏氏に聞く
入管行政の現場に関するインタビュー調査」
（坂東雄介・小坂田裕子・安藤由香里、小樽商科大学「商学討究」第72巻第4号、2022年）

●著者プロフィール

木下洋一　Kinoshita Yoichi

1989年４月、近畿公安調査局（法務省の外局）入局。2001年、法務省入国管理局（現・出入国在留管理庁）へ異動。以降、2019年３月に退職するまでの18年間、入国審査官として東京局、横浜支局、羽田支局等地方（支）局において、在留審査、上陸審査、違反審判等の業務に従事。
現役職員であった2017年４月、神奈川大学大学院法学研究科に社会人入学。「出入国管理システムにおける行政裁量の統制に関する一考察」で法学修士学位取得。

装丁／夏来怜
本文デザイン／合同出版編集部
組版／昆みどり

入管ブラックボックス
漂流する入管行政・翻弄される外国人

2023年 8月30日 第1刷発行

著　　者　木下洋一
発 行 者　坂上美樹
発 行 所　合同出版株式会社
東京都小金井市関野町 1-6-10
郵便番号　184-0001
電話　042（401）2930
振替　00180-9-65422
ホームページ　https://www.godo-shuppan.co.jp
印刷・製本　恵友印刷株式会社

■刊行図書リストを無料送呈いたします。
■落丁乱丁の際はお取り換えいたします。

本書を無断で複写・転訳載することは、法律で認められている場合を除き、著作権および出版社の権利の侵害になりますので、その場合にはあらかじめ小社あてに許諾を求めてください。

ISBN978-4-7726-1537-2　NDC360 188 × 130

© Kinoshita Yoichi, 2023